生活因阅读而精彩

生活因阅读而精彩

空灵

听李叔同讲佛理禅机

苏子灵／著

时事出版社

图书在版编目(CIP)数据

空灵:听李叔同讲佛理禅机 / 苏子灵著.—北京:时事出版社,2014.5

ISBN 978-7-80232-639-2

Ⅰ.①空… Ⅱ.①苏… Ⅲ.①禅宗-人生哲学-通俗读物 Ⅳ.①B946.5-49

中国版本图书馆 CIP 数据核字(2013)第213093号

出版发行:时事出版社
地　　址:北京市海淀区巨山村 375 号
邮　　编:100093
发行热线:(010)82546061　82546062
读者服务部:(010)61157595
传　　真:(010)82546050
电子邮箱:shishichubanshe@sina.com
网　　址:www.shishishe.com
印　　刷:北京建泰印刷有限公司

开本:787×1092　1/16　印张:18　字数:225 千字
2014 年 5 月第 1 版　2014 年 5 月第 1 次印刷
定价:32.00 元
(如有印装质量问题,请与本社发行部联系调换)

前言

李叔同，世称弘一大师，1880年出生于天津官宦之家，弱冠之年迁居上海，才华横溢，名倾沪上文坛。1905年东渡日本留学，专攻美术、音乐，六年后回国，在杭州任教。1918年，风华正茂之年，他毅然剃度为僧，相伴青灯黄卷，从事佛学南山律的撰著，直至1942年圆寂于福建泉州。

李叔同是中国话剧开拓者之一；他是国内首次使用五线谱作曲者，是向国内传播西方音乐的先驱；他还开创了国内人体写生这种艺术形式；他的书法引人注目，他的篆刻独树一帜；他是学术界公认的通才，为世人敬仰爱戴。

他是一个传奇，也是一个孤独却能孤独到灵魂丰满的禅者。他曾是红尘俗世里的风华才子，才华倾世，转而又超然尘外，步入四大皆空的清净圣地，成为禅门佛院里的一代宗师，避世而居，潜心修行，从绚丽至极归于平淡，以其大智慧、大慈悲、大觉悟，度世度人度己。他的一生不得不说又传奇又神秘。

“李叔同是我们时代里最有才华的几位天才之一，也是最奇特的一个人，最遗世而独立的一个人。”林语堂如是说。李叔同的人生华丽却不刺眼，在洗尽铅华后乍然返璞归真，呈现一种历尽世间沧桑百态后，如水清澈、如月清明的姿态。

“长亭外，古道边，芳草碧连天；晚风拂柳笛声残，夕阳山外山。天之涯，地之角，知交半零落；一杯浊酒尽余欢，今宵别梦寒。”一曲《送别》唱到今，尝尽了人间冷暖、人生无常。花开花落，红尘之外，清净淡雅，超然洒脱。在经历了尘世的繁杂洗劫，李叔同终于看透人生变换，觅得清净，在平淡中寻得了人生真味。

目录
Contents

第四章　人以品为重，行凭德当先
——听李叔同讲敦品

第五章　君子坦荡荡，小人长戚戚
——听李叔同讲处事

第一章

读书使人明智，为善使人清凉

——听李叔同讲学问

花有重开日，人无再少年

为善最乐，读书便佳。

——弘一法师

古时，人们常常用这句话来教育孩子，其字面意思就是做善事能让人感觉到快乐；读书比做善事更胜一筹，更能让人体味到愉悦，由此看来，古人把读书看得很重要。

弘一法师是一个热爱读书、喜欢学习之人，摘抄语录于他而言正如警钟一般，时刻提醒自己要保持勤奋读书的好习惯。当然这警钟也对世人长鸣，他告诫人们要读书，尤其是在年轻的时候，读书更应该刻苦。

时间对任何人都是公平的，它们不会因你是圣贤，就在你的身上多做停留，所以，元曲家关汉卿说过“花有重开日，人无再少年”之类叹息光阴似箭的话语。时光如梭，岁月如流，以古为鉴，若不在年轻的时候勤奋苦读，待到年过半百，一事无成，怕是只会叹息岁月无情了。这里不得不提一位北宋时期因勤奋读书而扬名天下的人——王禹偁。

公元954年，也就是后周世宗柴荣显德元年，王禹偁在一个世代为农的普通贫民家庭降生了。王禹偁的父亲以磨面为业，有一个小小的磨坊，艰辛地养活着一家子人。虽说家境不富裕，也没有什么文化，但是王禹偁父亲却望子成龙，一家人勤俭节约，为的就是把省出来的钱供王禹偁念书。因此，王禹偁读书非常刻苦，不仅在学堂里接受正规的传统儒家思想教育，而且非常重视作文写诗，并在这方面进行了刻苦的练习。

王禹偁虽出身贫寒，但是天赋过人，又肯努力刻苦，书本对他有着天生的吸引力，一个猛子扎进去，就很难再拔出来。王禹偁在《谪居感事》中也说道："收萤秋不倦，刻鹄夜忘疲。流辈多相许，时贤亦见推。"说的正是他为了读书，又不想给家里添负担，而在夏秋的晚上去田里抓萤火虫来当油灯，这样一学就是一个通宵。后来，他学习的这股劲头被人们传了开来，他也成了大家学习的榜样。

在王禹偁9岁那年，他跟着父亲送面粉，这面粉要送到济州的从事毕士安家。进了毕府，看到毕士安正在同一位客人对对联，王禹偁便生出了好奇之心，他趁父亲不注意，就溜到门外仔细听起来。他听到毕士安出了上联："鹦鹉能言怎比凤。"在座的客人一时有点反应不过来，没有一个人能对出下联来，正在苦思时，只听门外的一个声音传过来："蜘蛛虽巧不如蚕。"谁？是谁对得如此巧妙、如此工整呢？毕士安同客人们出门一看，原来是一个孩童，正是穿着朴素、面庞玲珑的王禹偁。毕士安连忙叫他进屋坐下，攀谈了起来。和王禹偁一番交谈之后，毕士安高举大拇指说："子经纶满腹，将且名世。真乃栋梁之材！"从此，毕士安和王禹偁便结为忘年之交，二人常常在写诗作赋方面切磋，毕士安还亲切地称呼王禹偁为"小友"。

除了王禹偁之外，我们小时候最熟知的司马光也是读书刻苦的榜样。

司马光出身书香门第，小的时候他就对历史和文学特别感兴趣。司马光是家里最小的孩子，他的长兄比他要大很多，而次兄在很小的时候就夭折了，其父司马池老来得子，便对这个孩子疼爱有加。但是司马池并不是一个溺爱孩子的人，在司马光小的时候司马池就非常重视对他的教育。司马光是从6岁开始读书的，父亲经常给他讲一些少年有为的故事，来激励他努力读书。当时他们一家住在寿州安丰，县城里最有名的学问人当属一位丁姓青年，他的学问和好学精神在全县都被当作学习的榜样。司马光的父亲自然也用丁姓青年的事迹来教育司马光，并且希望终有一日，司马光也能像他一样成为一个好学的知识青年。司马光果然没让父亲失望，他在伙伴们玩耍的时候依旧刻苦读书。他学习时不但要疏通全文，还要将书本里的意思领悟透彻。如此地学习让司马光进步神速，很快就显现出了与同龄人不一般的才气。

司马光7岁就开始读《左氏春秋》，而且读得很认真，简直到了废寝忘食的地步，读完之后他还会将书中的故事讲给身边的人听。司马光特别珍惜时间，为了提醒自己，他设计了一个圆形的枕头，取名为“警枕”，因为枕头是圆的，不容易熟睡，有利于他半夜爬起来读书。

司马光认真读书读到15岁就已经是一个博古通今的人了。幼时养成的刻苦学习的习惯被他一直保持下来，之后无论是在马上还是官轿中他仍会插空认真读书。

童蒙时期的司马光凭借自已的聪慧和认真好学的精神，积累了渊博的知识，养成了优秀的品格。他之所以能够完成《资治通鉴》，就是凭借小时候积累的扎实的文学和历史知识；而他能够成为北宋的名臣，也是仰仗小时候坚持读书而养成的正直、诚实、质朴、仁厚的品格。

司马光很看重读书，他曾经说过：“家世为儒，臣自髫龀至于弱冠，杜门读书，不交人事。”

“为善最乐，读书便佳。”我们每个人都应该将读书看成是人生一项“永不言弃”的事情，尤其是在年轻的时候，更要抓紧时间读书。

每一个人都要勤恳学习

观天地生物气象，学圣贤克己功夫。谛观少言说，人重德能成。

——弘一法师

有这样一个故事：

某大型集团的发展势头特别好，业务扩张十分迅速。为了进一步拓展其他地方的市场，集团准备派出一部分人开拓业务。有一个业务十分熟练的部门经理来到了老总的面前，希望老总能够将他外派，老总同意了，并让他带着一些新招聘的员工前去。到了要拓展业务的地方后，这位经理看着眼前新招来的员工，心生傲意，草草地安排了员工们的工作，并告诉这些新员工一定要认真学习，积极行动，不断地为公司开拓客户。

但是这位经理在安排完工作后，自己却跑到当地的旅游景区玩乐去了，并且还联络了自己的朋友和同学，他想着自己业务上根本没有问题，就趁着刚到的这段时间想多放松放松，等玩够了再开展业务。玩了几天后，这位经理想起了自己带来的那一批员工，他想着员工们一定按照自己的安排，正努力学习，积极拓展业务呢。于是，他急匆匆地来到了公司，想看看是不是这个样子。等他回到公司后，立刻傻了眼。原来，这些新员工本来就对业务不熟悉，现在到了一个新的地方，在非常需要别人教的时候，却找不到可以请教的对象，再加上没有人管，因此都懒懒散散的，睡觉的睡觉，上网的上网，还有的正凑在一起打牌。

这位经理气坏了，他严厉地教训了这些下属，让他们在规定的时间内完成他制定的任务计划。员工们接受了这样的要求，纷纷开始行动起来，但对于这些很不熟悉业务的新员工来说，经理制订的任务计划几乎就是不可能完成的，于是大家在巨大的压力之下怨声载道。

但让员工们好奇的是，他们从来没有看到经理扩展业务的行动。在一些员工的调查下，他们发现，自己的经理原来整天依然在游山玩水，根本没有把集团交给他的任务放在心上。员工们立刻将这些情况报告给了集团老总。很快，集团老总就在调查核实后罢免了这位经理的职位。可见，一个人要想领导别人，就先得做好自己，如果自己都不能克服懒惰和懈怠，哪里有资格去教训别人要勤勤恳恳呢？

每一个人都应该时刻想着要努力工作，并且长期保持学习的热情，即使是已有所收获者，也不可放纵自己，对工作有一丝懈怠和懒惰。

“书山有路勤为径，学海无涯苦作舟”。学习是永远没有尽头的，这世上有太多的东西需要我们去学习，没有一个人会一劳永逸，获得永远的成功。因此，不管你现在学到什么程度，或者处在学习的哪个阶段，都应当每天保持努力精进的状态，勤勤恳恳地学习。

读书切记不能三天打鱼，两天晒网，读罢一本书便以为是读了书。应当坚持读书，多读好书，长此以往，你的知识修养才会有所提高。

弘一法师非常提倡读书，他认为，读书的好处太多，既可以增加知识，又可以沉淀心灵，也算是一种修行。的确如此，我们集中精神读一本书的时候，可以全神贯注地让自己的心灵遨游在知识的海洋中，这样不单是学到了很多文化知识，更让我们的心在潜移默化中得到沉淀。当然，读书还应该讲究正确的方法和端正的态度，这也关系到你是否真正地读懂了书。只有用心去诵读，用心去理解，才能体会到人世间的真谛。

人们常说，一个从不读书的人，他的生命就如同沙漠一般荒芜寂寥，寸草不生。而如果是一个知道读书，但却不能坚持不懈的人，那么他的人生依然会有所停滞，依然不够丰满。也就是说，读书的一个重要意义就是为了让你养成坚持学习的好习惯，在坚持读书的过程中逐渐培养出一种刻苦上进之心，以及坚韧不拔的毅力，而这些品德在你以后的生活中会起到举足轻重的作用。弘一法师在出家之前就已经是一位学有所成的老师了，他一直坚持读书的好习惯和勤奋不懈的精神深深影响着学生们。

这世上，有一部分人被称作智者，他们可以做到读书百遍其义自见的境界，但这并非是因为他们比其他人更有天赋，而是因为他们已经读了太多的书，并且积累了很多经验，悟到了很多道理。坚持不懈、积少成多、融会贯通后，这些人便会有大的顿悟。如此看来，经验是在不断行动中得到的，而聪慧也是要从每天点滴的学习中积累起来的，弘一法师尚且每日坚持诵经，我们又怎能懈怠偷懒，停滞不前呢？不如从现在起，坚持勤恳地读书吧！

要有所学，就要修养自己的脾气禀性

诸君到此何为？岂徒学问文章，擅一艺微长，便算读书种子？
在我所求亦恕，不过子臣弟友，尽五伦本分，共成名教中人！
——弘一法师

古时有位画家虽然画技很高，但是性格自傲，此人就是元末的倪云林。他是一位非常自负的名士，对人态度傲慢，脾气倔犟，能被他放在眼里的人没有几个，于他而言，只要是庸俗之人，不但没有礼貌可言，反而白眼以待。

巧的是，倪云林碰到一个非常赏识他画作的人，叫张士信，是抗元起义首领张士诚的兄弟。有一次，张士信差下人特地送去金银和丝绢等厚礼，恳请倪云林为自己画一幅画。

但倪云林却是一点情也不领，他满心怒气地对着张家来人撕烂了送来的礼品，而且还吼道："我一生洁身自好，如何能做王门画师?!"张家下人回去将事情一五一十地告诉了张士信，他听罢怒气冲冲，这倪云林分明就是不给自己面子，于是他便对倪云林记下了一笔。

一日，张士信和倪云林狭路相逢了。当时，张士信与其友人在太湖上游船赏景，突被一股淡淡的香味吸引过去，他一边欣赏地点头，一边命下人过去一探究竟，哪知发出这香气的不是别人，正是倪云林。

见此状况，张士信心中的怒火又重新被点燃了，他气呼呼地叫下人把倪云林绑了过来。二话不说，下令杖责。倪云林一声不吭，任凭他们毒打，以致身上已经皮开肉绽了。

“你一点儿都不痛吗？痛了可以叫出声来!”张士信挑衅地对倪云林说道。

“出声？一出声，不就俗了?!”倪云林轻蔑地瞪了一眼张士信。

张士信听到这里是哭笑不得。

倪云林若是不肯作画，完全可以好言相拒，何必出口伤人，做出过分的举动呢？倪云林的才华和学问，古今有目共睹，但以他的个性在处理人际关系上还是有很大欠缺的。

这里还有一个故事，说的是北宋才子黄庭坚。

黄庭坚在年轻的时候才华横溢，因为精通音律，他创作的乐府词、长短句被广为传唱，尤其是华丽柔美的词句，深得女子的喜爱。但是并非所有人都对黄庭坚的曲词赞赏有加，庐山圆通寺的禅师就是其中一位。

这位禅师为人正直，严厉有加，他在见到专程来拜见他的黄庭坚时并没有表示高兴，反而毫不客气地问道，你是不是大丈夫呢？大丈夫就应当满腹经纶、心中有乾坤，应当多写对天下苍生有益的文字。风花雪月、爱恨情仇般的雕虫小技写多了就是浪费时间！

黄庭坚听了禅师的话，很是不解，自己的那些受人推崇和羡慕的作品，怎能如此被贬低。禅师见黄庭坚一脸疑惑和不服气，便开示他说，著名画家李伯时在学习画马的时候已经到了“走火入魔”的境地，在画技炉火纯青的时候，依然坚持将自己想象成一匹马，将马的习性了如指掌，最后他笔下的马惟妙惟肖。而你呢？如果还依然满足于过去的风花雪月，沉迷于创作曲词的技巧中，那最终你的性情将会随之改变，这样下去还能有什么进步呢？

“禅师莫不是也想将我放进马肚子里吧？”黄庭坚依然油腔滑调。听了此话，禅师有些生气，他以为可以一语点醒黄庭坚，不想他这般执迷不悟，于是义正词严地说，现如今你每日用些柔曲绵词营造风花雪月，在世人心中也种下了浪荡之情，这样下去，越多的人欣赏你，越多的人就会受你影响，社会风气也会因你而败坏，如果你还不知悔改，恐怕将来就不是入驴马之腹，而是下十八层地狱了。终于，黄庭坚知错了，他向禅师忏悔，表示以后再也不写那样的文字了。

后来，黄庭坚写的诗词风格有所变化，语气豪迈，内容丰富，包罗万象，终于不再有风花雪月的柔媚之感了。

常说字如其人，一般情况下，字写得刚正，那么人品也多为正直，所以说如果一个人性格变了，那么他的文字也会随之改变。因此，要想有所为、有所学，首先要修养自己的品德。

弘一法师也是将这个原则用自己的行动证明给了我们——“先器识后文艺”。学习孝、忠、诚、信的品德，恪守五伦的本分的过程才是真正走上圣贤的途径。一个没有伦理道德的人，往往是脾气暴躁、性格傲慢、为人不诚，他们即便是坚持学习，也不会学到更多的知识，领悟不了人世的礼仪道理；即便是学习的天赋再高，文章写得再好，却一点儿用也没有。

所以，我们就不难解释，为什么身边很多同龄人，一起开始学习，但是经过十几年的时间，长大后，会有人平步青云，会有人误入歧途。因为在学习的过程中，每个人因为家庭环境教养不同，天赋不一，努力的程度就会不一样，因此最后学习的结果也会天差地别。

君子慎独，希圣希贤的修为

敬畏独处之时。

——弘一法师

清朝刘忠介曾说过这样一句话，大概意思就是，当一个人独处的时候一定要非常注意自己的言行举止，反思自己在独处时的心思变化，重视自己的仪容外表，知道最起码的伦理道德。

这对一般人来说的确属于高层次的修养了，但是弘一法师确是一直以来这么要求自己的。他说，一个人有没有修为，不是看他在你的面前所表现出来的作为，而是应该在他一个人独处的时候看他是否和在你的面前表现出来的行为一致？如果人前一套，背后又是另一套，势必非君子所为，到了最后就是个道貌岸然的伪君子。因此，弘一法师要求自己，必须在独处的时候，坚持“慎独”的精神，严格要求自己的行为。

除了弘一法师，东汉时期的杨震也是一位代表人物。

杨震博览群书、才智过人，在当地被称赞为“关西孔子”。在他为官期间，一直保持清正廉洁、洁身自好。有一次他从荆州的刺史调到东莱去做太守，路上正好经过昌邑，不想到了昌邑才知道，当地县令正是他的老熟人王密。因王密曾经是杨震亲自举荐的秀才，所以当他再次见到杨震的时候，非常兴奋，心想机会难得，就备了一份厚礼送给杨震。

十斤金灿灿的黄金摆在杨震面前，他突然明白了王密的意图，当场翻脸，怒然拒绝。他严肃地对王密说，原以为你是为官之人了，应该同我一般，却不想你做出如此行为，叫我难堪。王密听到这话，还以为是老师怕这事会被其他人知晓，对仕途不利，便解释说，区区薄礼感谢老师也是应该的，再说天色已暗，没有人会知道的。杨震听后更加生气，说什么叫没有人会知道，天知地知你知我知，怎会无人知晓，你我都不是人吗？王密终于看出老师是真正的清正廉洁了，当下就红着脸，带着礼金回去了。

在官场中，虽是无人监督，虽是师生情谊，但是杨震依然严格要求自己，保持廉洁的作风，这就是“慎独者”，当然也是一位“独圣”。后来，杨震又调任其他郡做太守，依然坚持清政廉洁，秉公执法。他家境一直不太宽裕，粗茶淡饭，以步代车，朋友们劝他还是要为后辈们稍微着想一下，但是杨震说，子孙自有子孙福，况且我要让后世人叫他们清官子孙，他们还能埋怨不成？这恐怕比我留给他们再多的金银财宝还要有价值吧。

杨震去世后，朝廷将他安葬在华阴潼亭，并立石碑记录了他一生的功德，希望他忠于国家、忠于人民、清正廉洁的精神能够传承下去。而他作为“慎独者”，对自己严格要求的精神也值得后人推崇和学习。

陆九渊说过：“慎独即不自欺。”就是说即使你独自一个人时，也不要欺骗自己，去做坏事，而是要比在别人面前的时候更加知道廉耻，更加严格要求自己。

当然，这句话如果真正实行起来并没有那么简单。一个人的时候，往往会放松自己，无论是身体上还是精神上都可能会放纵自己，然后一个“不慎”的念头，很可能就导致一个人犯错，甚至是让他心里的“黑暗火苗”越烧越旺，直到有一天，罪恶积累，烧毁自己。所以说，这个世界上有太多太多的诱惑，我们必须忍受孤独，必须谨慎言行，以免被罪恶吞噬。因此，我们只有把品性修养变成自己内心的一种需求，才能做到“慎独”，但“慎独”并不是为别人而慎，而是为自己，因此说是“独圣”。一个真正的圣贤者，在任何时刻、任何地点都不应该放纵自己，而是要保持一颗追求高尚的心，让自己的品性得到提升，做一个自尊自爱的人。

不懂装懂，愚笨至极

强不知以为知，此乃大愚。

——弘一法师

有这样一个故事：

有个北方人，到南方去做官，刚到南方，肯定有许多事情弄不明白，但如果虚心请教别人，也许并不难懂。可这位先生不想去问别人，因为那样显得自己太无知，岂不是太没面子了？他宁可不懂装懂，结果惹出许多笑话来。

有一次，地方上的一位乡绅请他去做客，大家聊得很开心，这时，仆人送上一盘菱角。他没吃过菱角，又不好意思问怎样吃，主人家又一再请他先尝，无奈之下只好拿起一只菱角，放到嘴里去嚼。主人看他连壳也没剥就吃了，心里很诧异，问他："这菱角是要剥了皮才好吃的，你怎么整个丢到嘴里去嚼呢？"他明知自己弄错了，却一本正经地说："刚刚到南方来，有些水土不服，连壳都吃掉了，为的就是清热解火。"主人诧异地说："我们怎么没听说过菱角壳可以去火呢？你们那儿这东西很多吗？"那人答道："多得很呐！山前山后到处都有的长呢。"主人不禁哑然失笑。

还有一次，他和一位朋友逛街，在菜市场里他们看到一个人在卖姜。这人没见过姜是怎么生长的，就问道："一棵树上一年能结多少姜？"卖姜的人和周围的人都笑了，他们说："姜是地里长的，怎么能是树上结的呢？"他却硬和别人争辩个没完："你们真是笨呀，姜是树上结的，我会不知道？我们邻居家就有一棵姜树，不信，我们问问去?”他虽然这样说，但心里却发虚，因为他知道他的邻居家根本没有“姜树”，这样说不过是为自己解围罢了。他的朋友心里明白他是不懂装懂，于是，便对大家说：“他这么有学问的人会不知道姜是地里长的吗？他不过是考考你们，看你们能否敢于坚持自己的见解。对的，就要敢于坚持；错的，也要敢于改正，这样才能进步啊!”那人听了朋友的话，羞红了脸。

其实有些时候“知之为知之，不知为不知”，千万不要不懂装懂。你不懂别人不会说你什么，而一旦你不懂装懂，那么别人就不会再尊重你了。我们在为人处世的时候一定要注意这一点，平常的时候可以多学习一些知识，不断去修炼自己，而不是将不懂的东西说成是懂的东西，这样终究有一天会被人拆穿，就像故事中的人一样，一旦被拆穿之后就会变得非常尴尬。

弘一法师说过：“强不知以为知，此乃大愚。”把不懂装懂、不知当知，这种自欺欺人的行为其实是再愚蠢不过的了。因为谎言迟早会被别人识破，到头来只会自毁名声。

孔子曾说：“知之为知之，不知为不知，是知也。”这句话真实表达了一种实事求是的态度，即不管做什么事情，知为知，切勿假装，这才是大智慧。孔子与弘一法师的观点一样，都是在教导人们以诚相待，若是求学修身的话，更应谦虚、恭敬，认真学习，用知识来弥补自己的不足，这样学问才能不断地得到提升，品性和修为也会得到提高。当然，一个骄傲自负的人，不会向别人低头学习，即便是自己不擅长的也会不懂装懂，装出一副知晓天下事的样子，长期下去，他会得不到任何进步，学问不见长，品德反而会降低。

一味地坚持不懂装懂，不但是对自己的不负责，更是为自己以后的发展道路设下了一道厚厚的障碍，以致于自己无法逾越，这也就是为什么弘一法师认为“此乃大愚”的原因了。

如此看来，无知并不可怕，因为这个世界上没有谁一生下来就是天才，也没有人就理所应当地需要懂得所有事情，每个人都是在不断地学习中获取知识、明白道理的，这是一个漫长的学习过程，即便是学得慢也没有什么丢人的地方。

做学问，就要实事求是，一步一个脚印地来，切勿装懂！

万法只存于心

圣贤绝无标新立异，外表生活与凡夫并无不同，所不同者，存心而已。在世间法中觉悟，即是佛法。

——弘一法师

曾经有一个年轻人因为多次失意而变得意志消沉。

有一天，这个年轻人不远万里来到一座寺庙拜见一位老僧，希望能够得到老僧的帮助。他对老僧说："我认为现在的生活一点意思都没有，我这样活下去还有什么意义？"说完之后还发了很多牢骚。

老僧一直很安静地听着这个年轻人的抱怨，听完之后就对身边的小和尚说："这位施主从远方而来，你去拿一壶温开水来。"

小和尚去后不久就提来了一壶温开水，老僧将一些茶叶放在杯子中，然后用这壶温开水沏茶，并且微笑着递给这个年轻人。

虽然茶杯中冒着热气，但是茶叶并没有展开，年轻人感觉很奇怪，说："贵刹为什么喜欢用温水泡茶呢？"

老僧只是笑了笑，并没有回答他。

年轻人在老僧的要求下喝了一口茶，然后感叹着说："这样喝茶，一点茶香都没有。"

老僧则说："这可是上等的铁观音，怎么说没有茶香呢？"

年轻人于是又喝了一口茶，然后说："我还是没有尝到任何的茶香啊。"

老僧则笑着喊来了小和尚，然后说："你再去煮一壶沸水来，火速送过来。”

不一会儿小和尚提来了一壶沸水，这个时候老僧拿起一个杯子，同样放了一些茶叶，再用沸水泡了茶，然后将茶杯放在年轻人的面前。

这一回，年轻人看到茶杯里的茶叶慢慢舒展开来，一股浓烈的香味从杯子里飘了出来，他匆忙想要喝上一口。

看到年轻人想要喝茶，老僧挡住了他，再次倒了一些沸水到杯子里，这一次杯子里的茶叶被泡得更开了，味道也更浓郁了，让整个禅房里都充满了茶香味。

老僧不等年轻人询问，一共添了五次沸水到茶杯中，茶杯终于满了，就要溢出来了。年轻人看着这样一杯散发着茶香的茶水，忍不住喝了一口，只觉得一股清香沁人心脾。

老僧则笑着说：“施主，同样是一杯铁观音，为什么两杯的差距居然这么大呢?”

年轻人想都没有想就说：“因为师父用的是不同的水泡的，所以味道有所不同。”

老僧点头说：“是的。因为沏茶的水不同，所以茶叶在水中的沉浮有所不同，茶味散发的程度也就有所不同。刚开始我用温水泡茶，茶叶只是浮于水面，并没有展开，自然没有任何的清香可言；后一次我用的是沸水，茶叶在反复地冲泡中沉沉浮浮好几次，彻底泡开了，自然就散发出来所该有的清香和味道。这样的茶叶才能够让你感受到四季的变化和魅力。其实人世间的众生和这茶水一样。沏茶的时候如果用的水温不够高，则无法沏出茶香来。在人世中如果自己的修行和努力还不够，那想要任何事情都顺心顺意就不可能了。施主如果想要在人世间有所作为，还需要认真修炼内功啊！只有努力提高了自己的能力，而不是整天怨天尤人，这样才能够最终获得成功。”

年轻人在老僧的讲解下终于明白了其中的道理，重新整理好自己的内心，然后下山了。

圣贤之所以是圣贤，并不是因为他的法力有多么高深，而是因为他们内心的强大和充实。他们能够不断提高自己的修行和能力。当然对于普通人来说，如果想要提高自己，让自己获得成功，并不是说要效仿某个人，殊不知，圣贤之道并非是标新立异、求异弃同，而是在平凡的生活中不断获得能量，让自己每天都有所进步。

书本、老师、同学还有其他的人对我们只有引导的作用，并不能教给我们即学即用的本领，我们能做的是在日常生活中不断领悟和自省。

磨砺意志，不受诱惑

花繁柳密处拨得开，方见手段。风狂雨骤时立得定，才是脚跟。

——弘一法师

看到这句话的人都有自己的理解，面对诱惑能够不动摇的人，才算是真正有德行的人；遭受到了很多次打击还能够坚定立场的人，才算得上意志力坚定的人。而在此之中，李叔同将“花繁柳密”看成是“种种诱惑”，则是因为自己的亲身体验，他就是一个面对“种种诱惑”而不动摇的人。

1927 年，俗侄李圣章受教育界同人之托，希望李叔同能够到北大任教，他断然谢绝了；1938 年，国民政府要员邀他出山参政，面对高官厚禄的诱惑，他还是选择了拒绝……通过一系列的谢绝换来了他的坚定，自然也成就了李叔同“念佛救国、普度众生”的人生大业，他是天地之间真正的君子。

其实历史上像李叔同一样的正人君子还有很多，其中段干木就是一位。

段干木是孔子的弟子子夏的得意门生，他是一个不愿意当官的人，他将自己的所有精力都放在了经商上，因为他经营非常讲究方法，而且重视诚信，很快就成为远近闻名的商人。

韩、赵、魏三家瓜分晋国之后，魏文侯魏斯主政魏国。魏文侯对段干木的才干是早有耳闻，于是有一天魏文侯亲自到段干木家拜访他，希望他能够出山辅佐自己。

魏文侯的侍从将他们此行的目的告诉了段干木的家人，希望他们能够转告段干木。段干木知道魏文侯亲自来邀请自己出山非常感动，但他是一个淡泊名利的人，不愿入仕，于是让家人回复魏文侯，说自己现在人在外地，不在家中，请大王早早回去。魏文侯没有见到段干木非常失望，但是段干木在他心中的形象变得更加高大，魏文侯更加器重这个不爱名利的奇男子。

之后的一天，魏文侯刚好路过段干木家，他特地站在车上，手扶着车前的横木，注视着段干木的家门，希望能够看到段干木然后邀他一起共商大计。侍从看到后说："大王，段干木虽然是远近闻名的贤人，但是也太过于自大了，就连大王都不放在眼里。他也只是徒有虚名，他的学问怎么可能和大王比呢?"

魏文侯听到侍从这样说非常生气，他说："段干木有真正的治国之才，他还是一个不贪图荣华富贵的人，这种人值得我敬佩。虽然现在他住在这样的地方，但是你没有看到他特别受到当地老百姓的爱戴吗?"

侍从听后还是有些不服，他说："既然他真有本领，为什么不到宫中辅佐大王呢？听说上次我们去他家中，他根本不是外出，而是躲在家中不肯出来。试想这怎么是君子所为呢?"

魏文侯听后说："那么你告诉我，寡人和段干木有什么区别?"

侍从回答说："您是一国之君，他只是一介草民，国君和草民怎么能够相提并论呢？如果您是一块闪光的金子的话，那么他就是一块顽石。"

魏文侯说："你完全错了，我同他最大的区别是：他注重的是品德和修养，而寡人看重的是权力和疆土；他注重的是道义，寡人更看重战争胜利。这样你应该可以看出到底是修养重要还是疆土重要，是道义重要还是战争胜利重要。你们就是因为不明是非才只能做一个侍从，而永远无法做寡人的大臣。"

金钱、名誉、地位……这些东西在一般人的眼前时刻闪烁着诱人的光芒，但是有操守的君子则对此视而不见，李叔同是这样的人物，段干木同样是这样的人物。

人的德行和意志经受的最大考验就是诱惑，在诱惑面前能够屹立不倒的人，才可以说是真正的德高之人；而那些在诱惑来临之后就倒下的人，则会被人们所唾弃。

学习别人的优点，弥补自身的不足

轻当矫之以重，浮当矫之以实，褊当矫之以宽，躁急当矫之以和缓，刚暴当矫之以温柔，浅露当矫之以沉潜，溪刻当矫之以浑厚。

——弘一法师

稳重可以弥补轻佻，踏实可以弥补浮躁，和缓可以弥补急躁、温柔和顺可以弥补刚强暴戾，沉厚可以弥补肤浅，浑厚可以弥补刻薄……从表面上看这似乎在告诉人们该如何弥补自己性格上的不足之处，但另一方面似乎也是在说人无完人的道理。每个人的身上都有这样或那样的缺点，我们只有不断要求自己、不断提高和弥补自己的缺点，通过积极向他人学习，才能够让自己拥有更多的优点。

弘一法师是个德高望重的人，他得到了他的弟子及其他人的敬仰和爱戴。但是他一直认为自己没有达到“完美”的境地，他总是很谦虚地说：“我还有很多地方不如别人，我还需要向他人学习。”一代大师尚且如此，更何况我们普通人呢？

古今中外有所成就的人，都是善于向别人学习的人。

赵武灵王是赵国的国君，当时赵国和周边的胡人经常有摩擦，他发现胡人的短衣长裤在骑马作战时非常灵活，于是就主张汉人也开始尝试这种衣服，这在当时遭到了很多人的反对。但是他力排众议，首先开始穿这种衣服，并且开始学习骑马和射箭，还亲自训练士兵，赵国的实力终于得到了提高，最后成为了战国七雄之一。

通过这个故事我们就可以知道任何人都不能故步自封，人只有不断学习他人的长处，才能够弥补自己的不足。而“一代天骄”成吉思汗也是一个懂得向他人学习的人。

在很多战斗中成吉思汗的部队都处于劣势，但最终却可以反败为胜，这到底是为什么呢？除了成吉思汗本身的英勇善战之外，还有一点就是他特别善于向别人学习，甚至是向敌人学习。

成吉思汗很重视工匠的作用，每次战争之后凡是俘虏的工匠他都不杀，而是将他们带到大漠中，让他们从事生产劳动。因为当时蒙古各部落生产技术落后，非常缺少工匠，所以成吉思汗就想到了这样的办法。他的这种行为促进了蒙古各部落的发展，这些工匠不仅为他制造了战斗装备，而且为农耕生产也提供了不少工具。

成吉思汗通过学习，弥补了自身的不足之处。这一方面表现了他作为“一代天骄”的雄才伟略，同时也展示了他善于学习的品质。

每个人都有自己的不足和缺点，我们不应该因为害怕或者担心自尊心受损而回避自己的不足和缺点，这样对自身的发展一点好处都没有。我们应该做的是，清醒认识到自己的不足和缺点，然后吸取别人的长处，通过努力学习来弥补，这样我们才能够获得进步。

遇事要缓，欲速则不达

刘念台云：“涵养，全得一缓字，凡言语、动作皆是。”

——弘一法师

一个人涵养的修行关键是一个“缓”字，不管是说话还是做事，都要讲究这个字。

很多人认为“缓”就是“慢”，其实并不完全是这样。这里讲的“缓”其实是指做任何事情都要循序渐进，按照一定的步骤来，不要盲目求快。因为求快就很容易导致某个环节出错，甚至产生意想不到的问题，到时候想要弥补就来不及了。就算是孔子讲究的也是循序渐进，而不是一味求快，所以他有“欲速则不达”的名言警示后人。

历史上曾经有很多人想要凭借法律来治理好一个国家，而到了现在同样有很多人渴望通过制度来管理好一家企业。其实他们的想法没有错，但是很多时候治理国家或者管理企业需要法治和德治的结合。

在现代社会，很多公司招聘一些负责人在公司中推行一些政策，但是往往因为有些负责人过于急功近利，而导致了最后的失败。

有一位赵经理受聘于一家大企业做部门负责人。在来到这个企业之后，他将之前企业中用到的一些治理方法全部都沿袭了过来，结果很快取得了一些成效。几年下来，在他的管理下，这家企业的整体面貌有了很大的起色。但是因为他的管理过于严格，太过于急功近利，最终得罪了一些人，公司里很多人开始反对他，但是这个赵经理依然我行我素。后来有几位朋友奉劝他改变管理方法，但是赵经理不为所动。

就在此时，企业中一个老员工触犯了赵经理制订的规矩，赵经理依照规定对他进行了处罚，老员工一气之下直接辞职回家了。这件事情惊动了企业高层，他们对事情进行了调查，决定对赵经理的权力进行约束。最终赵经理在企业中再也做不下去，只能选择离开。

无论是一个国家还是一个企业，都应该注意德治和法治的结合。用规矩和法令来约束人们的行为，用道德和教化来疏导人们的行为。如果上面故事中的赵经理能够懂得德治和法治的结合，那么就可以很好地管理企业。

就像孔子讲的“欲速则不达”，我们做事情是为了有一个好结果，这就需要一步一步来，如果只求一时的痛快，那么之后肯定要受累。

心存善念，修养便得以提升

茅鹿门云："人生在世，多行救济事，则彼之感我，中怀倾倒，浸入肝脾。何幸而得人心如此哉!"

——弘一法师

我们来看一个很久远的传说。

在一个古老的村庄里，有一位雕刻师傅非常出名。因为雕刻师傅的技艺出众，所以方圆百里的人都愿意来他这里雕刻物件。有一天，一座寺庙里的和尚们听说了他的技艺，于是请求他为寺庙雕刻一尊菩萨像。

寺庙距离村庄比较远，路上要经过一座山，据说如果在晚上经过这个山，很容易遇到非常恐怖的女鬼，很多人因此而丢掉了性命。因此雕刻师傅的亲戚和朋友都劝他不要去，他们都认为这件事太危险，如果要去也一定不要晚上去，一定要等到白天再出发。

但雕刻师傅是个老实人，他架不住和尚们的再三邀请，为了不耽误行程，在感谢了大家的好意后，连夜动身，希望不要耽误和尚们的计划。

雕刻师傅出门后不久天就黑了，不多时，雕刻师傅似乎看到路边有一位女子，她看起来非常可怜，脚上的草鞋破了，面容中写满了疲倦。雕刻师傅是个善良的人，他停下来问这个女子说："姑娘，你怎么会一个人在这里，我能帮助你什么吗?"

女子对他说："老人家，我要去山的那头看望病重的老母，只可惜我现在走不动了。”

雕刻师傅很同情这个女子，于是答应背她一程。

在月光下，雕刻师傅背着这个女子走了很远，最后实在走不动了，他就停下来休息。

此时这位女子对雕刻师傅说：“老人家，难道你就不担心我是传说中的女鬼吗？你为什么不赶紧走自己的路，还要来背我？”

雕刻师傅说：“是的，我要赶路。但是我真的不忍心将你一个人扔在这里，如果你遇到什么危险的话怎么办？我背着你虽然累一点，但是两个人在一起还算有个照应，有了危险可以相互帮助。”

休息了一会儿之后，雕刻师傅发现身边居然有一块上好的木头，于是他一时心动，就拿出随身携带的雕刻工具，然后照着女子的容貌开始雕刻起来。

女子感觉非常奇怪，于是就问他说：“师傅，你在雕什么啊？”

雕刻师傅非常有兴致地说：“我现在是在雕一尊菩萨像。我看你面容姣好，而且慈眉善目，所以想依照你的长相来雕塑。”

一直很平静的女子听了这些话之后，突然哭了起来，因为她就是一直被人们传说的索命女鬼。其实在几年前，她一个人带着女儿想要翻越这座山，不想遇到了强盗，因为没有人帮助，她一个弱女子无力反抗，不仅自己被强盗奸污了，而且女儿还被杀死了。悲痛欲绝的她跳崖自杀之后就成为了一个可怜的厉鬼，她经常在晚上出没，专门夺取人的性命，以此来减少她心中的怨恨。但是她怎么也没有想到碰到的这位雕刻师傅居然说自己的长相和菩萨颇有几分相似。百感交集的女子受到了点化，突然化作一束光芒消失了。从此人们在翻越那座山头时再也没有碰到什么索命女鬼了。

在我们生活的这个世界上，人的本性都是善良的，没有人愿意被别人怨恨，而一些人心中的罪恶都是因为曾经遭受过罪恶的侵害而生成的。世界上的所有人都希望被别人接纳，有时候一个小小的善良举动就能够拯救一个灵魂。

在这个故事中的“女鬼”对人世间充满了仇恨，但她还是希望被人们所接纳，渴望得到别人的帮助。其实不仅仅“女鬼”是这样，世界上所有的人都是这样。

在我们遇到劫难和困苦的时候，如果没有人能够站出来帮助我们，我们每个人都有可能成为故事中的“女鬼”，我们或许也会对这个世界充满了绝望和仇恨。

一旦明白了这个道理，我们就应该学习雕刻师傅的精神，用一颗善良的心来对待和接纳所有人。

谁都知道要迈出这一步很难，但是我们还是应该努力克服自己的恐惧和怀疑，用一颗友善之心对待陌生人。这种接纳对于我们自己来说也是一种挑战和考验，这种接纳并非是停留在口头上的接纳，而是要用实际行动去帮助别人。

弘一法师在这方面做得极其出色。他主张人应该多去帮助别人，体现自己的价值，这是一件非常光荣的事情。

当我们真诚地帮助了别人，对方的心中肯定会感激我们，他们所投来的感激的目光，会让我们整个人有“中怀倾倒，浸入肝脾”的感觉。当被我们帮助的人感谢时，他们也会得到快乐。

将帮助他人当作我们生活中的习惯，不要刻意去做，只要内心深处有一种愿意帮助别人的心，在无形中就会去帮助人。而对于被帮助的人来说，这样的行为更能让他受益。

世界上有很多人一辈子都在追求名利，他们不过是想过上好日子，然后让自己的好日子尽可能长一些。但是这种追求还不融入帮助别人的大潮之中，这样内心的喜悦会高于一切，自我的修行也会提高到一定档次，在帮助他人的过程中可以得到更多的感悟，心灵世界也会更加丰富。

低调，一种智慧的表现

弯得下腰，就是做人要低调谦卑，海纳百川，能屈能伸。

——弘一法师

很多人都以为低调使人显得很不起眼，其实低调也是一种智慧的表现。成功之时不张扬，失意之时不自卑，能够做到这样的心境，自然会看清生活中的所有问题，一切的起起落落都会归于平淡。

弘一法师就是这样一位弯得下腰的低调大师，他曾经借用印光大师的话来警示自己：“汝是何等根机，而欲法咸通耶？其急切纷扰，久则或致失心。”他认为，人们之所以喜欢张扬显摆，是因为太在乎外人的看法，而只在乎外人看法的人对于“低调”二字似乎是很难理解的。

给大家讲讲关于白云禅师的故事。

曾经，白云禅师在方会禅师的座下参禅，但是学习了很久，依然脑袋空空，没法开悟，而方会禅师也很着急，绞尽脑汁、想尽各种办法来帮助白云禅师。有一天，他突然问白云禅师是否记得他的师父是如何开悟的。白云禅师不太确定，只是隐约记得好像师父是因为摔了一个大跟头就突然开悟了。

方会禅师听完后发出一阵冷笑，然后就离开了。白云禅师愣在那里，心里想：“难道我说错什么了吗？为什么方会禅师会嘲笑我呢？”

从此之后的好几天，白云禅师总会想到方会禅师的冷笑，而一想到就没有心思吃饭，好几次在睡梦中都被这种笑声惊醒了。他实在忍受不住这种煎熬，于是前往方会禅师的禅房请求明示。

方会禅师听到他这几日为了那种笑声而苦恼时，就说：“你还记得经常在广场上表演的小丑吗？你和他距离很近。”

白云禅师还是不明白，连忙问：“这到底是什么意思啊？”

方会禅师说：“小丑的目的就是博取观众一笑，而你却担心别人笑。我那天只不过是冲着你简单地一笑，却没有想到你因为这个原因而茶不思、睡不眠，你对外界如此认真，我认为你连小丑都不如，你又怎么可以参透无心无相的禅法呢？你太执着于外界了，反而失去了你的真心，这样你会很痛苦的。”

白云禅师听后恍然大悟。

如果一个人对自己认识不够，心中没有一定的主意，就会受到外界的影响。总是被别人主导自己的喜怒哀乐，这样就会慢慢失去自我。

人世间，对于别人的态度和看法不要太在意，将外界的看法看淡一些，活出属于自己的你，这样你的生活会更加轻松，也会更加如意。顺着自己的路一直往前走，这样你就不会在乎别人的说法了。

用平和与痛苦之心和解

德盛者其心平和，见人皆可取，故口中所许可者多。德薄者，其心刻傲，见人皆可憎，故目中所鄙弃者众。

——弘一法师

有一位饱经风霜的老人，年轻的时候他在战争中失去了一条腿；中年的时候，他的结发妻子因为病魔离他而去；而没过多长时间，他的儿子又在一次车祸中撒手人寰。他认为这个世界对他太不公平，于是到寺庙中请求佛陀为他开示，希望能够从中解脱。

佛陀盯着老人看了很久，然后从院子里捡起一片落叶交给老人说："你看看，这片树叶像什么？"

这时已是深秋，叶子大多已经枯萎。

老人看着手中的树叶，知道它是一片白杨树的叶子，但是它像什么呢？老人一时不知道该如何回答。

就在老人思考的时候，佛陀说："难道你不认为它长得特别像一颗心吗？"

佛陀的话让老人有所感悟，这片树叶长得的确和心有几分相似，老人的内心轻轻一颤。

佛陀走到老人跟前说："拿近一点看，看看上面还有些什么？"

老人看得很清楚，树叶上面还有大大小小很多洞。

佛陀拿过叶子将它放在自己的手掌中，然后说："它在春风中生芽，在阳光中长大，等到了秋天，它就结束自己的一生。在这个阶段中，它承受着虫的叮咬、风吹雨打，最终变得千疮百孔，但是它在秋天来临之前一直没有凋零。叶子之所以能够坚持到最后，就是因为它对阳光、泥土和雨露等充满了热爱。如果这样看的话，你所遭受的那些苦难是不是也可以接受了?”

每天我们看到升起的太阳时，并不会认为这阳光是对我们的莫大赏赐；但是如果有一天我们失去了光明，我们就会感觉到这种阳光对我们是如此重要。

人的一生总会经历挫折和磨难，但是只要牢记在我们的内心深处有幸福的种子，就能够开出美丽的花朵。不论在生活中遇到了怎样的艰难，我们都要咬紧牙关，坚持下来，这样我们就会走向成功。

内心平静，世界就平静了

勇者从容，智者淡定，越是真正有内涵和能力的人，越是低调、沉着、淡定从容。

——弘一法师

我们来看一件关于李叔同的小故事，或许通过这个故事可以看到他的平淡内心。

李叔同当时还在浙江第一师范学校任教，在一次课间有一个学生在教室里大喊："李叔同在什么地方?"在当时的社会环境中，学生直呼老师姓名是一种非常不礼貌的行为，这种行为是要被处分的。其实那个学生并没有不尊重李叔同的意思，只是感觉这样好玩而已。

没有想到的是，当时李叔同就在隔壁，听到这个学生的叫喊后，他非常平和地走了过来，然后说："找我有什么事情吗?"在他的语气中听不到任何的不满和怨气。而等他来到教室的时候，那个喊他名字的学生早已经没有了踪影。见此情景李叔同并没有把这件事放在心上，就像没有发生过一样。

李叔同总是心平气和地对待任何事情，他认为发怒根本解决不了事情，有发脾气的时间还不如静下心来找到解决问题的办法。李叔同在没有出家之前是这样想的，在出家之后更是以此要求自己，而且还不断教导自己的弟子要这样做。

出家之后的弘一法师还给弟子们讲过这样一个故事。

唐朝大诗人白居易去拜访好友恒寂禅师，此时正是酷暑天气，炎热难当，白居易到恒寂禅师住的寺庙的时候，已经是大汗淋漓，但是他到禅房门外却看到恒寂禅师正一动不动坐在蒲团上参禅。毒辣的阳光直接照在禅师的身上，禅师却面容平静。白居易对此感觉非常好奇，于是他就问恒寂禅师说：“大师为什么不换个凉快一点儿的地方参禅呢？”

恒寂禅师回答说：“天气很热吗？我怎么没有感觉到。”

白居易听后顿时大悟，随即作诗一首：人人避暑走如狂，独有禅师不出房。非是禅房无热到，为人心静身即凉。

保持一颗“心平气和”的心，听起来是一件很简单的事情，但做起来却相当不容易。世界上很多人的喜怒哀乐都会受到外界的环境影响，如果自己对自己的心没有十足的掌控能力，情绪就会时好时坏，自然无法谈到什么涵养了。弘一法师能够把控自己的内心，做自己内心的主人，可以很好地控制自己的情绪，从来不会因为自己的情绪去伤害别人，更不会因为外界的环境而影响自己的情绪，或许这就是深厚德行的体现吧！

第二章

保存赤子之心，修养善良之性

——听李叔同讲存养

唯有宽容大度，才能清净超脱

必有容，德乃大；必有忍，事乃济。

——弘一法师

春秋时，齐襄公被杀后，公子小白和公子纠为争夺王位而战。鲍叔助小白，管仲助纠。双方交战中，管仲曾用箭射中了小白衣带上的钩子，小白险遭丧命。后来小白做了齐国国君，即齐桓公。齐桓公执政后，任命鲍叔为相国。鲍叔心胸宽广，有知人之明，坚持把管仲推荐给桓公。他说："只有管仲能担任相国要职，我有五个方面比不上管仲：宽惠安民，让百姓听从君命，我不如他；治理国家，能确保国家的根本权益，我不如他；讲究忠信，团结好百姓，我不如他；制定礼仪，使四方都来效法，我不如他；指挥战争，使百姓更加勇敢，我不如他。"齐桓公也是宽容大度的人，不记射钩私仇，采纳了鲍叔的建议，重用管仲，任命他为相国。管仲担任相国后，协助桓公在经济、内政、军事方面进行改革，数年之间，齐转弱为强，成为春秋前期中原经济最发达的强国。

一个人不仅要品德高尚，还要清净超脱，尽量不被物质的欲望所牵绊和束缚。就像古人说的"淡泊以明志，宁静以致远"的道理一样。

想要让自己变成一个清净超脱的人并不是简单的事情，但是只要改变了自己的心态，也会得以实现。人的一生只有短短几十年，有些人拥有良好的心态，他们能够做到不被物质的欲望所牵绊，每天都是快快乐乐的，对于任何事情他们都看得很淡，这样就能不被外界的不良之气所影响，幸福也就可以实现了。

在我们的生活中肯定会遇到不开心或者让人愤怒的事情，这个时候我们不妨学习一下弘一法师的度量，领悟什么是内心的平稳和安静，这样怒气就会在不知不觉间消失，心灵就会得到洗涤。

谦退，保身第一法

谦退是保身第一法，安详是处世第一法，涵容是待人第一法，恬淡是养心第一法。

——弘一法师

弘一法师一直认为谦虚是最好的保全自己的方法，而且他本人也一直遵守着这个原则，让自己赢得了一生的美名。

在谦虚退让的传统美德方面，我们有太多的榜样值得学习，而西晋时的羊祜就是这样的一个人。

羊祜出身官宦世家，他是西晋时期的文学家、书法家，是曾任左中郎将的蔡邕的外孙。虽然羊祜出身高贵，但他却非常谦虚，完全没有一般官宦子弟飞扬跋扈的架势。

羊祜在年轻的时候被推荐为上计吏，州官四次征聘他为从事、秀才，五府也请他做官，但是面对这些邀请他都谢绝了。有人甚至还将他和孔子的学生——谦虚恭顺的颜回相比。

晋武帝司马炎称帝后，因为羊祜有辅助之功，被任命为中军将军，加官散骑常侍，封为郡公，食邑三千户。但是羊祜对此坚决辞让，因为他对前朝的王佑、贾充和裴秀等人非常尊重，不愿意做比他们更高的官。

羊祜后来因为屡有功劳，一直被加官到车骑将军，地位和三公相同，但是他还是推辞不接受，说："我现在入仕总共不过十几年时间，就已经有了这么高的位置，我无时无刻都要因为自己的高位而战战兢兢，我现在都将荣华看成了忧患，对我受到的宠爱非常警戒。现在陛下一再下诏书提升我的官位，这让我该怎么办呢？我没有办法做到心安，因为现在有太多的高洁之士都没有获得这么高的位置，如高风亮节的光禄大夫李熹、洁身寡欲的鲁艺、清廉朴素的李胤，我怎么能够安心呢？如果我的地位超过了他们，我又怎么能够平息天下人的怨恨呢？”但是晋武帝没有同意他的拒绝。晋武帝咸宁三年(公元277年)，皇帝又封羊祜为南城侯，羊祜依旧对此不接受。

羊祜在每次得到晋升的时候，都会以礼辞让，而且态度都很诚恳，所以他的威望日益提高，人们都对他推崇有加，认为他有做宰相的资格和能力。羊祜历职两朝，掌握机要大权，但是他本人对权势却一直没有钻研过。而如果他推荐了某个人却从来都不会去向这个人邀功，很多被推荐者都不知道自己是被羊祜举荐的。也有很多人都认为羊祜的这种行为有点傻，他自己说：“这是什么话啊！古人就一直告诫我们：‘入朝与君王促膝谈心，出朝则佯称不知。’这些我还都没有做到呢。如果不能够举贤任能，这实在是有愧于知人之难。”

羊祜在平时生活中也是非常清廉和简朴的。他的衣服基本都是素布做成的，得到的俸禄大多都用来周济穷人。羊祜在逝世的时候家无余财，他在临终的时候留下遗言，不让别人将他的官印放进棺材中。羊祜的外甥就这件事情上表给晋武帝，晋武帝说：“羊祜一生都在谦让，他的志向令人敬佩。现在虽然他驾鹤西行了，但是他谦虚的美德值得我们学习，他简直就是古代的伯夷、叔齐之类的贤人啊。”

羊祜因为自身的谦虚退让和高风亮节赢得了国君、大臣以及广大百姓的肯定，同时也造就了自己的一世英名。如果他对晋武帝的赏赐和恩宠都是来者不拒，那么就会引起其他人的忌恨和厌恶，恐怕自己早就裹进了权势争夺的漩涡，最后甚至会丢掉性命。

在这个世界上，不要去争所有的东西，保持一份谦虚退让的心能够让自己处于安全的境地中，这样也就不用担心自己的言论和举止会遭到他人的陷害，生活也就变得快乐了很多。

淡定从容，无悔于人生

敬守此心，则心安。敛抑其气，则气平。

——弘一法师

一个有涵养的人总是能够在待人接物的时候保持从容淡定的心态。弘一法师就是一个很好的榜样。综观弘一法师的一生，我们很少看到他在处理事情的时候变得非常急躁、心神不定。他的这份淡定和从容不得不让周围人叹服。

弘一法师认为，淡定从容是一个人一生应该保持的一种状态，如果遇到事情就变得手忙脚乱，那么什么也做不好。

其实谈到做事淡定从容，我们不难想到东晋时的谢安。

谢安是东晋时的权臣，他是一个遇事淡定从容的人。

东晋时期朝内有不安定的因素，谢安在平定内部后，便将注意力投向来自北方的威胁。当时，前秦在苻坚的治理下日益强盛，他们时不时会来骚扰晋土，在强大的前秦军队面前，东晋军队一再败退，屡遭败绩。于是谢安派自己的弟弟谢石和侄子谢玄率军征讨，取得了几次胜利，使战局得到了一定的扭转。谢安还命谢玄训练出战斗力很强的“北府兵”，为抗击强大的前秦做准备。

太元八年（公元383年），前秦苻坚亲自率领大军南下，他们驻扎在淮淝一带，意图吞并东晋一统天下。当时军情危机，朝野上下一片震惊，谢安临危受命，被任命为大都督。谢安镇定自若地进行战略部署，派谢石、谢玄、谢琰和桓伊等人率兵八万前去抵御。

桓冲担心建康的安危，想要拨出三千精锐协助保卫京师，但是被谢安拒绝了。

谢玄也有顾忌，面对强大的敌人，他不知道自己的军队到底能不能战胜敌人，于是他找到谢安询问对策。谢安则只是简单地说道："所有的事情我都安排好了。"之后就不再多说。

而第二天谢安竟坐车来到谢玄的家中，并且邀请了很多亲戚朋友。他和谢玄两人以谢玄的府第为赌注下起了围棋。谢玄的棋艺高出谢安很多，但是这天谢玄的脑袋里全部都是战事，所以心中忐忑不安，总是无法集中精力去下棋，结果心神安定的谢安战胜了心神不宁的谢玄。下完棋之后，谢安和亲朋好友一起在山野之间游玩，没有任何的担心，好像一切事情都在自己的掌握之中一样。这天他一直游玩到深夜，回家之后，谢安开始调兵遣将，然后奔赴前线抗击敌人，最后他们打败了苻坚率领的前秦大军。

就算是谢玄这样的人物，在面对危急情况的时候都变得无法平静。而最终战争的胜利和谢安的这种淡定从容不无关系。

清代的庄有恭也堪称是淡定从容的楷模。让我们一起再来看看庄有恭的故事。

庄有恭是清朝中叶著名的书法家，他从小聪明伶俐，非常讨人喜欢，更让人惊奇的是他小小年纪就有一种从容淡定、有节有度的风范。

庄有恭十一二岁的时候，和小伙伴们一起放风筝，有个小伙伴不小心扯断了风筝线，那风筝就飘飘扬扬飞到了隔壁镇粤将军官署的内宅。所有的小伙伴都吓傻了眼，他们都呆呆地看着官署的大门，懊恼着想不出好办法。但是庄有恭却漫不经心地说："掉进别人家里了，我们拿出来就是了，这有什么好懊恼的?"有的小伙伴说："这可是将军的官署，平民百姓怎么可以进去呢?"还有的小伙伴说："如果进去，肯定会被他们打个半死的。"庄有恭则自告奋勇地说："既然你们不敢去，那就让我去吧。"说着，他就开始靠近官署大门。当时守门人看到是一个小孩也就没有在意。就在这个时候，他突然跑进了大门，直接冲向内宅。等到守门人意识到的时候，庄有恭已经在门内十几米远的地方了，他们一边喊着"站住"，一边开始追庄有恭。

此时镇粤将军正在客厅里和客人们下棋，听到声音后，走出来，正好碰到了庄有恭，于是就拦住了他，将他带进了客厅。庄有恭并没有害怕，他将自己的来意说明之后看着镇粤将军。看到庄有恭眉清目秀的样子，镇粤将军心中先有几分喜欢，于是就问了他一些问题。

镇粤将军问庄有恭说："你有没有读过书?"

庄有恭回答说："正在读。"镇粤将军有心考一下他，于是就问他说："那你会对对子吗?"

庄有恭说："会一点儿，学堂里学过一些。"

镇粤将军于是又问道："那你能对几个字的对子?"

庄有恭说："一个字的可以对，字多一点的也能对。"

镇粤将军说："好，那我就出几个对子，如果你对不上来，我可不轻饶你。"

镇粤将军抬头看到了客厅中挂着的"龙虎斗"彩图，于是便随口吟道："旧画一堂，龙不吟，虎不啸，花不闻香鸟不叫，见此小子可笑可笑。"将军的意思已经很明白了，他是在说你看画上的龙和虎都没有叫，而你一个小子却口出狂言，实在是可笑。

谁知道庄有恭思索了一会儿，指着将军和客人的残棋说："我就用这个残局来对下联吧。"然后低声吟道："残棋半局，车无轮，马无鞍，炮无烟火卒无粮，喝声将军提防提防!"庄有恭的意思也很明确，他是在说，将军现在输得一盘棋不算什么，但是如果真的在战场上，碰到这种车、马、炮、卒均难运用的窘境，那将军就要提防了。

镇粤将军和客人们听了这个对联之后，都非常赞叹庄有恭的才华，同时也被他的从容所折服。于是将军亲自捡起风筝递给庄有恭，并将他一直送到大门外，告诉他说："你是一个聪明的孩子，以后一定要好好学习，前途无量。"

通过上面的两个故事，我们可以看到从容淡定对一个人的重要性。只有做到了从容淡定才能够让我们处世不乱，能够笑傲风霜雨雪。

明代养生学家吕坤在《呻吟语》中告诫后世人们："天地万物之理，皆始于从容，而卒于急促。"而且他还讲道："事从容则有余味，人从容则有余年。"现在，我们每个人都应该修炼自我，不断提高自己的涵养，让自己也成为一个淡定从容的人。

放宽心胸，从容面对

公，生明。诚，生明。从容，生明。

——弘一法师

当我们为别人的行为而生气的时候，经常会嘲笑自己是在用别人的错误来惩罚自己。如果我们对某个人恨之入骨，那这种恨首先是对自己的束缚，就算你很恨对方，但对对方来说一点感觉都没有，仇恨反而是在你的心中，让自己的内心时刻遭受这种仇恨的煎熬。其实我们应该剔除我们内心的仇恨，让自己的心胸变得更加开阔一些，心境开阔了就会让自己变得更加从容。

宋代大文学家苏东坡被人认为是中华第一才子，是中国文坛上的一朵奇葩。他有一个佛门的好朋友佛印。平常两个人会在文学和佛学方面进行切磋，不免会因为一些问题发生争执，但是每次都是佛印占上风，苏东坡心中很不是滋味，于是他就在心里寻思，想要找到一个机会让佛印下不了台。

有一天，苏东坡和佛印相对坐禅，苏东坡问佛印说：“你看我坐禅的姿势像什么？”

佛印非常严肃地说：“我看你像一尊佛。”苏东坡听完之后非常开心。

接着佛印问苏东坡说：“那你看我的坐姿像什么？”

苏东坡想都没有想说：“我看你像一堆牛粪。”

佛印听后居然笑了笑，然后双手合十说：“阿弥陀佛。”

苏东坡对此非常开心，回家对妹妹苏小妹炫耀今天的事情。苏小妹听了事情的原委之后，说：“哥哥，没有想到你今天输得这么惨。你想，佛印六根清净，心中全部是佛，所以众生在他的眼中都是佛；而你就不同了，你满心污秽，所以你看到任何东西都是牛粪。”

苏东坡听完妹妹的话之后，非常惭愧。

人所处的位置不同，自然眼界就不一样。世上总是有些人夜郎自大，对自己的缺点视而不见。要知道强中自有强中手，从上面的故事中我们可以看到，只有内心清净的人才能够善待别人，同时也善待自己。

克制任性将勇往直前

学一分退让，讨一分便宜，增一分享用，减一分福泽。

——弘一法师

一个做事情任性的人总会为此而付出代价，甚至会为此而失去生命。魏晋时期的嵇康就是一个典型的因为过于任性而丢掉性命的人。

嵇康是魏晋“竹林七贤”的杰出代表，也是我国著名的文学家、思想家和音乐家。嵇康是一个愤世嫉俗的人，他做事情也非常任性，往往不顾及别人的感受。也正是因为他的这种任性导致了他悲剧的人生结局。

当时，魏国大臣钟繇的儿子钟会是一个趋炎附势之辈，看到司马氏得势就立即俯首依附，成为了司马集团的重要人物。有一天他带着众位宾客衣冠楚楚地来到嵇康的家中拜访他。嵇康是一个特别喜欢锻炼的人，钟会一行人来的时候他正在家中的大柳树下锻炼身体，但看见访客也并没有停下来。

钟会对嵇康的放荡不羁是早有耳闻，自己此次是专门来拜访他的，所以和宾客们一起默默等待在旁边。可没有想到的是，大概过了一个时辰，嵇康还没有停下来的意思。钟会心里想：能让我等待一个时辰的人，这个世界上恐怕也找不出几个，嵇康你也实在太嚣张了。就在钟会准备打道回府时，一直没有说话的嵇康说道：“何所闻而来？何所见而去？”这句话不说也就算了，一说让钟会更加不开心了，心想：你居然当着这么多人给我脸色看，这也就算了，现在你不但不道歉，还在这里嘲讽我！于是钟会非常生气地说："闻所闻而来，见所见而去。"说完之后就转身走人了。嵇康本就是随意惯了的人，对于这一天的事情一点都没有在意，但是钟会却耿耿于怀，一直想找机会报复嵇康。

嵇康有两个朋友叫吕巽、吕安。吕巽和吕安关系本来很好，但是没有想到吕巽居然奸污了吕安的妻子，事情败露了之后，嵇康从中调解，终于让事情平复了下去。没有想到时隔不久，吕巽居然恶人先告状，说吕安不孝，经常"虐待"老母。吕巽可是钟会的红人，吕安只能吃了哑巴亏，被发配到边疆。吕安心生不平想要上诉申冤，在申诉中提到了嵇康。嵇康向来疾恶如仇，于是仗义执言将事情的来龙去脉讲了出来，结果遭人暗算也陷入牢狱之中。此时钟会听说了这个消息大喜过望，他赶紧来到司马昭面前，进谗言道："嵇康曾经在曹魏时企图响应造反，而且嵇康、吕安等人的言辞向来放肆，菲薄汤武，攻击名教，为帝者不容，应予灭除，以正风俗。"其实司马昭对嵇康等人批评政治的言辞也早有不满，再加上钟会的添油加醋，司马昭也是怒火中烧，下令将嵇康斩首于洛阳东市。

通过故事可以看到，虽然嵇康受奸人陷害，但是他的任性也是造成其悲剧下场的一个主要原因。

想要成就大事业的人就不能随心所欲，不能感情用事，要懂得克制自己的言行。只有做到了这些，才能够避免发生一些小错误而最终铸成大错。

高尔基曾经说过："哪怕是对自己的一点小的克制，也会使人变得强而有力。"

歌德也说："谁若游戏人生，谁就一事无成，谁不能主宰自己，永远是一个奴隶。”

面对生活的普通人要主宰自己，要懂得约束的重要性，做事情要有所克制，只有这样才能够避免自己陷入任性的错误中而最终伤害到自己。

放下浮躁的心灵，坦然处之

有事时却放下此心，坦坦然若无事。无事如有事，提防才可弥意外之变。有事如无事，镇定方可消局中之危。

——弘一法师

曾经有一个年轻人因为犯法被关进了监狱。在监狱中他非常郁闷，想想自己永远也没有办法出去了，于是决定自尽。

这个年轻人在决定离开人世的前几天，开始想起曾经和自己相处过的人，有自己的亲戚、朋友、老师、邻居……但是他却想不起他们曾经是否夸奖过他，他感觉更加失望了。他此时感觉自己以前过的这些年头都是虚度光阴。于是他就继续回想，想要找到自己的生命中是否有人夸奖过自己，他甚至决定因为这句话而活下去。

想了很久之后，他终于想起他在上中学的时候，给美术老师交上了一幅涂鸦作品，老师看到画之后，对他说：“呀，你画的这幅画还真的不错，尤其是色彩的使用上。”年轻人于是重拾信心，决定为这位鼓励过自己的老师而活下去。

这个年轻人不再失意，他在监狱里开始认真学习，好好改造，最后终于成为了一位出名的作家。

其实，一个人在生活中，不是失便是得，这些都是变化无常的。而在得失之间人就过了一生。如果因为自己一时的失落而丧失了生活下去的勇气，未免显得有些草率。

很多时候人们因为得失而做出得意或者轻生的举动，是因为自己的心态不够平和。

看淡了得失，自己的生活就会如意很多。

我们不禁要问，在他们身上还有得失之心吗？自然没有。他们因为有着平和的心态和广阔的胸怀，所以不会因为一时的得失或喜悲。

不仅是失败者，就算是成功者也应该知道，并非一辈子都会顺利如意。也并不说强大的人就不会失败，强大的人可以从失败中爬起来，这就是他们平和的心态决定的处世态度。

弘一法师特别强调做事情应该放下烦躁的心灵，必须要坦然处之，发生了任何事情都要像没有发生一样，只有镇定才能够合理处理眼前的危机和困难。

只有稳住自己的心态，才能够将修行顺利进行下去。

就算是我们处于最恶劣的暴风骤雨中，也应该想到不久我们将会看到美丽的彩虹。不管是如意还是失意都是暂时的，只有保持一颗平常心，镇定自若、淡泊一切，自己的人生才会顺风如意。

“顺境”与“逆境”皆自成

逆境顺境看襟度，临喜临怒看涵养。

——弘一法师

在顺境或者逆境中表现出来的气度，就能够看出一个人的胸襟气度；面对着喜事或者怒事所作出的反应，就能够看出一个人的涵养。很多人只能够在顺境中生存，因为此时他们只需掌握一种生存技能就可以了；更多人在逆境中无法生存，因为在逆境中不仅要有生存的技能，还要有强大的胆识、意志力、毅力和胸襟等等，此时更考验一个人的综合能力和素质。有胸襟气度的人不会在面对逆境的时候怨天尤人，他们能够接受顺境，同时也能够处理好逆境。因为他们明白世间的事情不会永远一帆风顺，也知道人生中不会永远是逆境。他们明白不管是顺境还是逆境都是人生必须经过的路，都需要付出很大的努力。

在非洲的一个小村落里有一个叫巴巴力巴的男孩，他因为失恋而积郁成疾。

于是巴巴力巴的父亲给他买来了一团红丝线，然后将他带到了一个靠近沙漠的小旅馆里，等到第二天的时候父亲带着巴巴力巴和一些石头出发了。在沙漠中行走了两个小时之后，他们看到了一些绿色，父亲对巴巴力巴说：“你看看，那些是卷柏。”但是巴巴力巴对此毫无反应。

接着父亲在一个碗口粗的卷柏旁边停了下来，然后拿出红线，将一头系在自己带来的石头上，然后另一头系在了卷柏的根部。做完这些之后父亲带着巴巴力巴回旅馆了。

晚上睡觉之前，父亲对巴巴力巴说："你知道为什么我今天带你去看那些绿色植物吗?"

巴巴力巴对父亲说："你只不过是想让我看到在艰难的环境中都有植物生长。"

父亲则对他说："不要忙着下结论，孩子。"

等到一周之后，父亲又带着巴巴力巴来到了沙漠里，他们又找到了系着红丝带的卷柏，但是他们发现卷柏却换了位置。巴巴力巴怀疑是父亲做的手脚，但是父亲没有承认，因为在这一周时间里，父亲就没有离开过他。于是他们又回去了。

等到回到旅馆的时候，父亲对巴巴力巴说："卷柏在水分不足的时候会把根拔出来，变成球状，随风滚到水分充足的地方扎根。"

巴巴力巴对此很感兴趣，问父亲说："你是说水源无处不在?"

父亲还是之前的那句话，他说："不要忙着下结论，孩子。"

当时天气非常炎热，小旅馆变得让人受不了，在这样的天气里，估计连沙子都快要融化了，父子俩一直在猜测，那个他们做了标记的卷柏现在还活着吗?

又过了一周的时间，巴巴力巴和父亲两人又一次去了沙漠里，他们找到了那块石头，并且找到了卷柏，令人称奇的是它居然还没有死，并且又移动地方。巴巴力巴甩开父亲的手，拼命跑到了卷柏面前，说："你居然还活着!"父亲说："其实一周时间里它不仅仅移动了一次，但是后来它发现自己移动不了了，因为红线范围内都没有水源了，它只能将根扎得更深，这样才能够存活下来。"父亲接着说："其实人也是这样，即便面对的是逆境，只要我们能够将自己的根打扎实了，那么我们就可以存活下去。"

巴巴力巴终于明白了父亲的意思，在燃烧着的沙漠中，两个人相视笑了起来。

弘一法师一直在教导人们看破逆境，要以一颗平和的心对待世间所有事情。

人的一生会经过很多的磨炼和挫折，也只有这样才能够成长和进步。如果一个人一直处于顺境之中，就会让人逐渐丧失进步的动力和能力；当然如果一直处于逆境之中，那么人们的生活会变得苦不堪言。因此生活只有在逆境和顺境中不断交替，才能够在其中感受到痛苦和欢乐，才能尝到不同的滋味。

人生无常，积极面对

处事大忌急躁。急躁则自顾不暇，何暇治事？

——弘一法师

做事情如果情感太过于丰富，就容易冲动；而太过于理性，则显得没有人情味。其实七分理性三分情感，这样才是最好的处世之道。

曾经有一个只有一只手的乞丐沿街乞讨。他来到一个寺庙门口，向寺庙里的和尚们乞讨，方丈听到之后就对乞丐说：“你看到那一堆破砖了吗？你把它们挪到后院去，我就给你吃的。”

乞丐非常生气地说：“难道你没有看到我残疾了吗？我只有一只手怎么做到？如果你不愿意给我吃的，那也没有必要羞辱我吧！”

方丈并没有理睬他，而是用一只手搬起两块砖头走向了后院，回来后对乞丐说：“现在你看到了吧，我能做到那你也应该可以做到。”

于是乞丐不再说什么，也用一只手搬起了两块砖头走向了后院。大约一个时辰之后，院子里的砖头都搬完了。

方丈笑着走过来，递给了他一点银子。

乞丐接过钱之后，非常高兴地说：“谢谢你，大师。”

方丈则说：“你没有必要谢我，这是你用劳动换来的。”

乞丐这才明白过来，于是对方丈说：“大师的再造之恩我没齿难忘。”说完深深鞠了一躬然后离开了。

过了两天，又来了一个乞丐向寺庙乞讨，方丈就把他带到后院，然后指着一堆砖头说：“你把这堆砖头搬到前院我就给你一些银子。”

没有想到这次这个乞丐狠狠瞪了一眼方丈，然后离开了。

有位弟子非常不解地问方丈：“方丈，弟子实在是看不明白，你让第一个乞丐将这些砖头搬到后院，然后又让今天来的乞丐搬到前院，你到底是要这些砖头在前院还是后院啊?”

方丈则说：“其实这些砖头放在前院和后院没有什么区别，倒是乞丐愿不愿意动手做事非常重要。”

多年之后，一位高官骑着高头大马来到了这座寺庙，这个人只有一只手，他就是当年那个独手搬砖的乞丐。自从那天他搬完砖之后就明白了很多做人的道理，也找到了自己的价值，于是他从此之后努力拼搏，终于取得了今天的成绩。而当年那个拒绝搬砖的乞丐，到现在还是一个乞丐。

伤痛往往让人萎靡不振，但是如果看清楚了这些伤痛就能够让我们成熟起来，关键是要看我们如何对待这些伤痛。

不管现实有多么残酷、生活有多么窘困，我们都必须积极地面对，只有靠自己的双手和智慧才能够创造美好的未来。如果一个人懒得动手，只是在等待着别人的施舍，那么活着也就没有了价值，更不要说实现理想了。

严格束己，不放任自己的言行

以情恕人，以理律己。

——弘一法师

尽量去宽恕别人，尽量来约束自己。为什么要这样做呢？弘一法师认为人之常情的限度相对来说宽一些，所以可以用来对待别人，以体现自己的宽容之心；而道德的限度相对窄一些，用道德来约束自己，这样就可以对自己严格一些。但是对于普通人来说这并不容易做到。因为很多人习惯去挑剔别人，而纵容自己。所以我们每个人都要尽量克服这种弱点，从而提高自己的修养。

弘一法师在对待他人上就非常宽容，而对自己却非常严格。

欧阳予倩和出家之前的弘一法师，即李叔同，一起在日本东京筹办“春柳剧社”，他说：“李叔同自从演过《茶花女》之后，很多人都认为他是一个风流而又有趣的人。但是他的脾气却非常孤僻。曾经有一次他约我早上八点钟去看望他，我们两个住的地方距离非常远，赶电车有些拖延了，因此我赶过去的时候已经迟到。他知道我来了之后，他在楼窗上对我说：‘我和你约的是早上八点钟，现在都过了五分钟了，我已经没有时间和你闲谈了。对不起，你明天再过来吧。’说完之后他点点头，然后关起窗户进去了。我当时有点傻眼，但是我知道他的脾气，所以只好快快地回去了。其实他每天的工作都很有规律，尤其是很有时间观念，所以他的规则是一点都不能差越。他也一直在对我说做任何事情如果没有时间观念就等于失败了一半。通过这件事情我也看到了他是一个对自己要求很严格，同时容不得丝毫懈怠的人。”

可能很多人认为李叔同这样做未免太过于严格了，只不过是五分钟时间而已，有什么大不了的？但是李叔同就是用这种近乎不近人情的严格要求约束自己，可以说，最终李叔同取得的成就，和他这样要求自己密不可分。

其实，在中国历史上这样严格要求自己的人有很多，三国时期的曹操就是这样一个人。

曹操是一个军事家，他在战场上经常取得胜利，这和他善于用人、善于用计不无关系，但是他还有一个很大的特点，那就是纪律严明。这里所讲到的“纪律”并不仅仅只是针对士兵和其他将士，还针对自己。

有一次，曹操的大军经过了一片农田。曹操一直认为国家要稳定首先依靠的就是粮食，所以他在很多地区施行的募民屯田政策很有效果。这次行军经过的农田由于农民们精耕细作，所以长势非常好，绿油油的麦苗一望无际。曹操担心军士们会踩坏庄稼，于是下令：“行军途中，不准毁坏麦苗。违令者斩！”将士们也都是小心翼翼，很多骑马的军官都下马行走生怕踩到庄稼。这个时候突然田地里飞起一群鸟，扑打的鸟群惊到了曹操的战马，它猛地挣开缰绳踩坏了不少庄稼。于是曹操找来负责文书的主簿，当着全体将士的面，让主簿给他降罪。

主簿说：“《春秋》上提到过，对于尊王是不能加以惩罚的。”曹操说：“这是我制定下的法令，我触犯了就应该受到惩罚，以给大家做表率。如果我今天不受到处罚，那么以后还怎么服众？”主簿一时无言以对，只好说：“可是您是军队的统领官，如果受罚了谁来统领军队呢？”曹操思考了之后说：“既然我现在是元帅，还有领兵打仗的责任，那我会将功折罪，但是我还是要受到惩罚的，你们不动手那只好我自己来了。”说完之后，不顾大家的阻拦拔出宝剑，将自己的一撮头发割了下来，扔在了地上，并让主簿发文，说：“丞相的马践踏了田地，本应该斩首示众，但是因要带兵打仗，于是割发代之。”

三军将士看到他们的主帅如此严格要求自己，自然也都遵守法令了。

严格要求自己，不仅是对自己负责，更是对他人负责。只有严格要求了自己才能够让自己有所长进。如果一直放任自己的言行，不做任何的约束，最终会一事无成，自己的人生也会彻底失败。

抽身而退，平息争执

缓字可以免悔，退字可以免祸。

——弘一法师

弘一法师告诉我们懂得“退”可以免除灾祸的道理。在这里的“退”有两层意思，一方面是指“退一步海阔天空”的退，另一方面则指在高位时要懂得急流勇退。只有退出了，才能够平息争执。无论是上级的猜忌还是同僚的忌妒都可以通过退的方式解决，这就是退的好处。

唐朝中期的政坛上有一个叫作李泌的带有神秘色彩的人物。李泌先后在玄宗、肃宗、代宗、德宗四朝做过官。当时的唐朝多灾多难，奸臣当道，藩镇割据，许多大臣不是死于奸佞的谗言，便是死于武夫的刀剑。但是李泌却能够在四任皇帝身边做官，能够全身而退，其中的诀窍只有一点，那就是懂得在高位时退出。

唐玄宗的时候，李泌还只是一个少年，但是他已经因为自己的智慧而在朝廷内外有了一定的名声。当时唐玄宗准备任命他为太子李亨的官属，但是他婉言谢绝了，他只愿意以布衣的身份和太子交往，李亨因此也称呼他为先生，非常尊敬他。后来李泌遭到了杨国忠的诬陷，索性退隐朝廷，整天在嵩山和颍水之间游玩。

后来李亨即位，即唐肃宗，他专门请人找来了李泌，希望他能够出山担任宰相，但是这一次他又辞谢了，他对肃宗说：“陛下以朋友的身份对待我，这可比什么宰相要尊贵多了，我现在不想做官，请不要勉强我了。”唐肃宗只好答应了他，但是他对李泌更加尊敬了，甚至做到了“出则并驾齐驱，入则同床而卧，朝中事无巨细，全都请教于他”。唐肃宗也非常相信李泌，朝中的事情都会找李泌来商量，就连宰相的任免、太子的确定都会听从他的意见。每次朝中议事的时候，肃宗都会请他和自己一起坐。很多大臣都说：“穿黄袍的是圣人，穿白袍的是仙人。”

后来唐朝的军队收复了在安史之乱时失陷的长安，也平定了安史之乱，此时李泌向唐肃宗告退声称要退隐山林。他说：“我现在已经报答了您对我的恩赐，现在我还是想做一个闲人，我认为没有什么比这更快乐的了。”唐肃宗对此非常惊讶，他说：“这几年我和先生共同经历了患难，现在就要享乐了，先生为什么要离我而去呢?”

李泌则说：“我有至少五条离开的理由，请陛下让我离开，保全我的性命。”

唐肃宗更加不解了，他说：“此话怎讲?”

李泌说：“我和陛下认识得太早、陛下对我的依托太重、陛下对我太相信、我的功劳也不小以及我的行为太过于不一般，以上的五条理由使我必须离开。”

唐肃宗对李泌的离开并没有表态，他听后只是说：“这件事情以后再说，我现在要睡觉了。”

李泌则坚持说：“我现在和您同榻共卧，我的请求都得不到批准，以后到朝堂上还怎么可能得到批准？如果陛下不让臣离开，无疑是置臣于死地啊。”

唐肃宗说：“没有想到你居然这样怀疑我，难道我是那个只可同患难不能共享福的勾践吗?”

李泌说：“正是因为陛下不想杀臣，臣才想到了离开，如果陛下想杀臣，臣早就受死了。陛下现在对臣这么好，现在很多话我都不敢说，以后天下安定了，很多话臣就更不敢说了。”

李泌其实已经看透了当时官场的情势，如果当时他不离开的话，之后势必会受到奸佞之辈如宦官李辅国等人的忌妒、陷害，所以他坚决要离开，最终他也得以退隐衡山。唐肃宗只能赐他一个三品官的俸禄，并在衡山为他建了房舍。

李泌正是因为懂得了及时退让的道理，所以没有给自己招来杀身之祸，而且还保全了一世美名，是一个让人敬佩的人。

通过李泌的例子我们不难看出，该隐退的时候就要隐退，如果贪图一时的荣华富贵，那么就会给自己招来杀身之祸。

不必太在意虚名

敦诗书，尚气节，慎取与，谨威仪，此惜名也。竞标榜，邀权贵，务矫激，习模棱，此市名也。惜名者，静而休。市名者，躁而拙。辱身丧名，莫不由此。求名适所以坏名，名岂可市哉！

——弘一法师

虚名能给人的不过是一时的心理满足感，很多人为追求这种满足感，而不惜相互斗争。人世间的很多矛盾和冲突就是因此而起，这也是人们烦恼和愁苦的根源所在。其实虚名没有任何的价值，这种心理满足感也只是暂时的，真正的有识之人根本不会太在意虚名。

我们来看看关于西晋时期王湛的故事。

王湛身边的人都认为他是一个蠢笨之人，因为他从来不表现自己，平时生活中也是一个少言少语的人，就算是别人做了对不起他的事情，他也不会计较，只是一笑了之。也正是因为这个原因很多人都轻视他，就连他的侄子王济都有些瞧不起他。

有一次，王济到王湛的房间里玩，看到叔叔的床头上有一本《周易》，王济心想自己的傻叔叔能够看懂这本书吗？于是就问王湛说："叔叔，你把这本书放在床头干什么啊？"王湛回答说："当身体不好的时候，就随便翻翻看。"王济怀疑王湛只是装装样子，未必能够看得懂这本书，于是有意问了几个问题。

王湛对王济的提问讲解得非常精练而且有趣，很多都是王济从来没有接触过的见解，他开始对这位叔叔另眼相看了。

经过一段时间的接触和了解之后，王济开始佩服自己的叔叔，他认为自己和王湛的差距实在太大了。他非常惭愧地说："我家里有这样一位知识渊博的人，可是我和他一起生活了三十年我都不知道，这可是我的损失啊。"

王济骑的是一匹性子很烈的马，非常不好驾驭，于是他问王湛说："叔叔喜欢骑好马吗？"王湛说："还比较喜欢。"说完之后就骑上那匹烈马，态度非常优雅和轻松，就算是善于骑马的人也比不过他。王湛又说："这匹马虽然是好马，跑得非常快，但是受不得累，而且干不了重活。前两天我在督邮那里看到了一匹好马，不过现在还小。"

王济听完叔叔的话后就将那匹马买了下来，精心喂养了一段时间，等到和自己的烈马差不多大的时候准备让它们比试一次。

王湛于是说："你后面买来的这匹马需要驮着重物才能够体现出它的能力，在平地上奔跑显现不出它的优势。"于是，王济就让两匹马在土堆上进行比赛，果然跑了一段时间之后后面买的那匹马稳稳当当地赢得了比赛。

通过这件事情之后，王济从心底开始佩服自己的叔叔，他回家之后就对父亲说："我居然有这样一个好叔叔，他可比我们强多了，我之前都不知道这些，还轻视他，实在是太不应该了。"

可见，王湛是一个不断提高自己能力和学识的人，他从来不重视虚名，只是在追求一种深层次的人生智慧，因此赢得了人们的敬佩和赏识。

培根说："真正的名誉都是在虚荣之外。名誉就像一条河一样，往往只是浮在水面，沉重而坚实的东西才能够沉到水底。"我们不需要一些轻浮的名誉，我们要的是沉重和坚实的东西。

欲望的海水，越喝越渴

即使万无解救，而志正守确，虽事不可为，而心终可白；否则必致身败而名亦不保，非所以处变之道。

——弘一法师

曾经有一个中国的留学生，在纽约华尔街附近的一所大学里读工商管理硕士。

这位留学生读书非常刻苦，而且雄心勃勃。有一天在吃饭的时候对厨师说："虽然我现在只是一个穷学生，但终究有一天我会在华尔街成就一番事业的。"

厨师对这个留学生的雄心表示了赞扬，然后他说道："那么你在毕业了之后有什么打算呢?"

这位留学生想都没有想就说："等到毕业之后我想进入一家世界顶级的企业，在这样的企业中工作不仅会有丰厚的报酬，而且还会有一个光明的前途。"

这位厨师想了想又说："年轻人我没有怀疑你的理想，但是我想知道你之后的工作兴趣以及你的生活兴趣是什么?"

这位留学生显然没有明白厨师的意思，他不知道该如何回答。

厨师说道："如果经济还这样低迷下去，餐馆的生意还不见起色的话，我只好辞职继续去做银行家了。"

这位留学生感觉到非常诧异，他不敢相信面前这样一位满身油烟的厨师曾经是位银行家，于是他问道：“你说的是真的吗?”

厨师不以为然地解释道：“我之前就是在华尔街工作，每天都要去银行里上班，可以说是早出晚归，工作非常忙，也正是因为这个原因我实在腾不出时间去享受生活。我的工作成绩很不错，但是我酷爱烹饪，不管是家人还是朋友都对我的烹饪技术大加赞赏，我最大的快乐就是看着他们称赞我做的饭菜。几年前我突然有了辞职不做的想法，因为我感觉那种生活实在是太过于枯燥了，那不是我想要的。后来我就来这里做了一个厨师。你看看，我现在的生活是多么的惬意。”

留学生沉默了很久，也开始思考起自己的人生和自己的未来。

在这个世界上很多人都不知道自己到底需要什么，自己究竟想要的是怎样的人生。他们在不断地忙碌中丧失了自我，丧失了方向，丧失了自己的快乐和幸福。

我们生活中有太多像留学生这样的人，并没有想清楚自己的生活该是怎样的，就盲目地追求。

我们需要理智地思考，如果不这样我们很容易丧失自己，其实自己失去的才是自己最宝贵的东西。

那些看起来非常光鲜的物质或者荣誉，真的是人们所想要的吗?

曾经有一个人在深夜的沙漠中独自赶路，除了他骑着的骆驼之外，他身边没有任何的生命。

当这个人走过一个干涸的河床时，听到了一个奇怪的声音：“停下来。”

这个人感觉非常奇怪，于是他从骆驼上下来，此时又听到刚才那个声音说：“现在蹲下来抓起一把沙石。”

这个人感觉很诧异，但还是照做了。

而这个陌生的声音继续说道："现在你捧着这些沙石行走，等到明天太阳升起的时候，你肯定会很高兴，同时也会很懊恼。"

这个人照做了，他捧着这些沙石上路了，等到天亮了之后，他透过一丝光亮才看清自己手中的根本不是什么沙石，而是一些光彩夺目的宝石。此时他非常开心，但突然萌生出了一阵懊悔，早知道这是宝石为什么不多拿一些呢？

这个人是最普通的人，所以他会对金钱有渴望。就像那个"声音"说的一样，他此时不仅有喜悦还有懊悔，因为他陷入了贪婪之中。

在接下来的路上，这个人一直受着"早知道这样我就该多抓一些"的想法的折磨。其实，我们不妨这样想，如果第二天天亮了，这个人发现自己手中的还是沙石时，他肯定会将沙石丢下，然后苦笑两声继续赶路。

一个人如果想要坦坦荡荡地活着，就需要克制自己的欲望。

追逐欲望的人能够得到满足，但是这种满足并不能长久，一旦一个小欲望满足了，人的欲望就会随着变大。

弘一法师告诉人们不妨放下欲望，让自己的心灵在这个过程中得到滋润。一个人如果想要得到自由，就要看轻财物。一生中不要为了钱财付出什么，而是要有一颗敢于面对钱财的心，这样自己就可以达到无限度的自由了。

有了欲望的人总是感觉到痛苦。当我们在追求欲望的时候，殊不知已经被迷惑了。任何的悲伤其实都是自己造成的，不是别人给的。我们只有理智看待欲望，放下心中强烈的欲望才能够让自己获得自由。

懂得放下非分的欲望，能够克服自己对外物的渴求，就会慢慢懂得平和是福的道理。

忍让，使心境通达

人褊急，我受之以宽宏。人险仄，我待之以坦荡。

——弘一法师

很多人在遇到事情的时候，做出的第一反应总是自己是对的，别人是错的。但我们更应该明白吃亏是福。这里讲到的福就是让人们明白看到自己的错，这是一种最高级别的智慧，是一种大气。人们只有懂得了这种大气，才能够心境通达，才能让自己摆脱心灵的束缚。做事情的时候应该先看到自己的错，但也不要太在意别人的看法，没有必要因为别人的想法而折磨自己。

弘一法师一直在告诫人们多审视自己的言行。虽然在我们的生活中有很多人愿意这样去做事，但是因为自己的修为还不到，所以无法坚持到最后。

曾经有这样一位绅士，他着急去办事，可是在途中的独木桥上发生了麻烦。

这个绅士在刚到独木桥上的时候，就看到桥的对面来了一位孕妇，于是绅士非常礼貌地退了回去，给孕妇让了路。

等到孕妇过了桥后，绅士又一次上了桥。但是他走到桥中央的时候，一个樵夫挑着两大捆柴火上了桥，于是这位绅士又是什么话都没有说，从桥上退了下来，让这个樵夫过了桥。

有了这样的两次经历之后，绅士在上桥之前专门等了几分钟，看到对面没有人再过来，才再次准备过桥。谁知他刚上桥就看到桥对面来了一位推着独轮车的农夫。

绅士认为自己之前已经给两个人让了路，所以这一次就没有必要再做绅士了，于是他脱下帽子非常礼貌地跟农夫说："尊敬的先生，我现在马上就要过桥了，能不能让我先过桥？而且我之前已经给两个人让过路了。"

但是这位农夫非常生气地说："难道你没有看到吗？我现在要去集市。"两人商讨了一会儿还是无法达成妥协，最终争吵了起来。

这个时候，他们看到河中央驶来一叶小舟，舟上坐着一个和尚，于是两人去找和尚评理。

和尚双手合十，然后对农夫说："你确定是非常着急过桥吗？"

农夫说："我真的很着急，如果晚了的话我就赶不上集市了。"

和尚然后说道："既然你那么着急，为什么不能给这位绅士让路呢，因为你只要稍微让一下，他过去了，你也就可以早些过去了，你们有争吵的这些时间，恐怕你们二位早都过去了。"

农夫听后虽然不知道该怎么反驳，但还是不愿意让路。于是，和尚对绅士说："那你为什么不给这位农夫让路呢？仅仅是因为你已经快到桥头了吗？"

绅士非常委屈地说："在这位农夫之前，我已经给两个人让过路了，如果这样一直让下去的话，恐怕我今天一天都没有办法过桥了。"

和尚继续说道："那么你现在过去了吗？既然你之前已经给别人让过了路，给这位农夫再让一次又何妨？虽然过不了桥，起码还可以保持绅士风度，何乐而不为呢？"绅士听后感觉非常有道理，只能惭愧地低下了头。

其实在我们的生活中，给别人让一让又有什么关系呢？做人不能够太自私，如果总是从自己的想法出发，而不去考虑别人的感受，就永远无法理解别人。我们在为人处世的过程中不要只看到别人的错误，而应该多审视自己的言行。

第三章

喜随云自在，懒与水争流

——听李叔同讲持躬

用自己的眼睛看世界

不为外物所动之谓静，不为外物所实之谓虚。

——弘一法师

同样一个人在不同的立场支配下看待问题就会有所不同。所以，我们在做事情的时候，即便是考虑很周全，也无法让所有人在所有时候都满意。由此可见，做事情要有主见，只要自己认为是正确的，那就坚持做下去，不要受别人意见的影响，不要尝试着让所有人都满意。

人们都会按照自己的喜好去看待事物、看待世界。如果一味在乎别人的看法，那么自己在生活和工作中就得不到快乐，将会疲于奔命。

很久以前有一个画家，他想画出一幅让所有人都满意的画。经过几个月之后他终于拿出了一幅让自己满意的作品，于是他将这幅作品放到市场上去让人们观赏，并且在旁边放了一支笔，然后附上一段话：亲爱的朋友们，请你们对我的作品提出建议和意见，并请直接在画上标出。

等到了晚上，画家去市场上拿自己的画，看到画上已经被涂满了，几乎每个地方都被人提出了值得修改的建议。这位画家非常伤心，并对自己的这次尝试行为感到非常失望。

画家决定换一种方式再试试。于是他画了一张和以前一模一样的画，再次拿到市场上展示，但是这次他让看的人将他画得好的地方标记出来。这次，以前所有被指责的地方，则都标上了被赞美的记号。

画家看完感慨地说："我算是明白了，不管你做什么事情，能让一部分人满意已经很不错了。因为很多东西在一些人眼里是美好的，而在另一些人的眼中则变成了丑陋的。"

不管你做什么事情，肯定不能让所有人都满意，因为每个人的价值观不同，看待问题的角度不同，更何况他们的看法在不同的场合下也不同，如果我们想要得到所有人的认同，而不断迁就别人的要求，最终不但不能使他们满意，还会让自己有受挫感。

如果强行将别人所有的建议和意见都放在自己身上或者自己所做的事情上，那最终会导致失败。在涉及到自己的做事方法和人生目标方面的事情上，不要太在意别人的意见，追求成功的路上要更懂得信任自己。

曾经有一对父子赶着他们的驴子准备去集市上做些买卖。他们没有走多远就看到了一堆人对他们指指点点。其中一个人说："你们看啊，你们见过这种人吗？放着驴子不骑，而在走路，真是太好笑了。"父亲听到这句话之后，感觉有道理，于是就让儿子骑在驴上。

可是走了不久，他们又遇到几个老头，他们中有一个指着他们父子说："看看，这个情况就证实了我刚才的话，年轻人根本不懂得尊重老人。你看现在这个孩子居然骑在驴子上，而他年迈的父亲却在走路。他难道就不知道让他父亲歇一歇疲劳的双腿吗？"儿子想想这些老头说得有道理，于是就从驴子上下来，让他父亲骑了上去。

这对父子刚走出几步，又碰到几个妇女，其中一个妇女大喊道："你看这个无用的老头，居然让自己的儿子走路，自己却骑在驴子上舒服。难道他没有看到他儿子已经上气不接下气了吗？"这个父亲没有办法，只能又从驴子上下来，抱起儿子，两人一起骑在驴子上面。

走了一段路之后，这对父子又碰到几个人说："你们真的是太残忍了，居然两个人骑着一头驴子，这头驴子真的是太可怜了。"

父子两人想想感觉有道理，于是两人将驴子捆起来，然后用一根木棍抬起驴子，继续往前走。但是在过一座桥的时候，他们又遭到了别人的嘲笑。很多人都围过来看他们，大家都在取笑他们居然抬着驴子。大家的笑声激怒了驴子，它挣脱了绳索掉进了河里。

上面虽然只是一个笑话，但是它也在告诉我们，做任何事情不要被别人的舌头压死，要懂得走自己的路，任何事情只要做得问心无愧就足够了。如果整天担心别人对自己的看法，那么最终会一事无成。

天下本无事，庸人自扰之。要坚持自己的想法去做事情。

争强好胜会惹祸

步步占先者，必有人以挤之。事事争胜者，必有人以挫之。

——弘一法师

做任何事情都不能操之过急，更不能争强好胜，如此就会容易遭到别人的打击。

人们都不愿意听到别人否定自己，自然争强好胜便成为了人的一种本能。往好了说，争强好胜是一种有进取心的表现，但是它同样也会给自己带来伤害。弘一法师就不断提醒我们，不管是修养身心还是为人处世都应该注意切勿争强好胜。

苏东坡和秦少游都是宋朝有名的文人，彼此也是非常好的朋友，他们两人经常在一起谈论诗赋。

有一次，苏东坡和秦少游两人在一起吃饭，看到桌子上有一只虱子，苏东坡就说："人的身体实在是脏，脏东西都变成了虱子。"秦少游说："虱子根本不是人身体的污垢变成的，是棉絮变成的。"

两人各自认为自己的观点才是正确的，都不愿意接受对方的观点，于是争执起来差点因为这件事情而翻脸。最后他们找到了佛印和尚，希望和尚能够给他们做个评判。苏东坡先找到佛印，然后一再拜托让佛印说虱子是人身体上的污垢变成的，他不想在这件事情上输给秦少游。苏东坡走后不久，秦少游也找到了佛印，并且也希望佛印能够说虱子是棉絮变成的，他也不想输给苏东坡。当时佛印都答应了他们。

于是两人都认为佛印会帮助自己，都非常自信。可是到了第二天，他们一同去找佛印和尚，佛印很巧妙地说："虱子啊，它的头是人身体上的污垢变成的，而它的身体则是棉絮变成的。你们一人说对了一半，所以谁也没有战胜谁。这是件小事情，你们没有必要为了这种事情而争吵。"两人这才反应过来，佩服起佛印和尚的智慧来，同时也为自己的争强好胜感到羞愧。他们相互道了歉，重新又成为了好朋友。

其实虱子到底是什么变成的，苏东坡和秦少游都不关心，他们只是陷入了争强好胜的怪圈，他们都不愿意让对方认为自己的知识不够渊博，更不愿意向对方认输，所以才开始争论。难道胜负就那么重要吗？人们如果能够放下争强好胜的心，就能够化干戈为玉帛，就能够免除很多麻烦。世间很少有人能够明白这个道理，所以他们才吃了很多苦头。

其实，真正的胜者往往是战胜自己的人。如果整天想着和别人一决高下，当时可能感觉非常好，但是时间长了就会在心态上形成一个巨大的落差。

心有他人天地宽

涵容是一种不可多得的雅量，是修行必需的德行。

——弘一法师

涵容是一种美德，是一种值得人们学习的精神，更是一种生活中的处世方法。虽然身边的人可能有很大的缺点，但是他肯定也有值得我们包容的地方。涵容是一种非常可贵的精神，能够容纳别人的人是一个了不起的人。

在东汉时期，有一个叫作甄宇的官员，他一度担任太学博士。甄宇是一个为人忠厚老实、做事谦虚谨慎的人。

有一次，外藩进贡给皇帝一些活羊，皇上将它们分给了在朝的官吏。

但是分配羊的时候，负责的官员有些为难了，因为这些羊有肥有瘦、有大有小，这该怎么分呢？

很多大臣纷纷献计献策。

有人说："将这些羊全部杀掉，然后给大家分羊肉就是了。"

也有人说："要不我们抓阄，全靠自己的运气来分羊。"

就在大家议论纷纷的时候，甄宇走了过来，他说："分羊是个很简单的事情，依我的意思，现在大家随便牵一头走就是了。"说完他就牵上一头最为瘦小的羊离开了。

看到甄宇牵走了最小的羊，其他人都不好意思了，他们也都开始拣最瘦小的开始牵，很快羊都分完了，而且大家都没有一点怨言。

后来，这件事情被光武帝知道了，他夸奖甄宇的大度，笑他是一个“瘦羊博士”，自此这个美誉便开始传颂。

不久之后，大臣们纷纷推举甄宇，甄宇最终担任了太子少傅的职位。

从表面上看，甄宇当时牵走了最小的羊，好像是吃了很大的亏，但是他却因为这件事情而得到了群臣的拥戴和皇帝的器重，其实他是占了最大的便宜。生命的意义就是接纳别人和宽恕别人。如果总是表现出一副咄咄逼人的样子，只能是让自己越来越不受别人欢迎。

古语有云，宰相肚里能撑船。涵容是一种伟大的精神，我们只有能够宽容别人的行为，才能够受到别人的欢迎。就算是别人做了对不起自己的事情，如果能够以一种大度的心态对待，不仅自己的内心会好受很多，而且对方也会开始敬佩你。

大智若愚，智慧的最高境界

聪明睿智，守之以愚。

——弘一法师

曾经有这样一个故事：

有个人总是希望得到皇帝的欢心，于是他就问别人说：“我该如何得到皇帝的赏识呢？”

对方想了想说：“如果你想得到皇帝的赏识，那就应该学习学习皇帝的样子啊。”

于是这个人跑去觐见皇帝，他一边观察皇帝的行为和举止，一边默默记了下来，就连皇帝在什么时候眨眼睛他都没有放过。

皇帝看到他的行为之后感觉很奇怪，于是就问他说：“你的眼睛有问题，还是眼睛里进了东西？为什么总是眨眼睛？”

这个人很得意地说：“皇上，我的眼睛没有任何问题，我这样做只是为了得到您的欢心和赞赏。”

皇上听了之后感觉非常生气，于是说：“笨蛋，我真没有见过你这么愚蠢的人。”说完之后就命人将这个人丢出了宫，并且暴打了一顿。

这个人挨了打之后还是不明白皇帝为什么骂他是个笨蛋，于是就到一座寺庙里找到了一位德高望重的高僧，问他说：“为什么我学着皇帝的样子做事情，他却说我是笨蛋呢？”

高僧没有回答，而是反问他说：“如果你走路的时候后面跟着一个人，你往右走他就往右走，你下坡他就下坡，甚至你坐下来抓抓头发他也坐下来抓抓头发，你会感觉到高兴吗？这样的人怎么可能讨得别人的欢心？”

这个人听完之后点了点头，然后说：“我好像明白了一些什么。”

其实，任何事情都是一样，如果不动脑筋而只是一味效仿他人，自己认为自己很聪明，其实是很愚蠢的做法。

弘一法师之所以得到人们的敬仰，就在于他有真实的本领、丰富的人生历练，却从来不欺骗人们。大家都知道弘一法师出家之前叫李叔同，他当时是中国学术界公认的奇才，是中国新文化运动的先驱，而且在书画、音乐等方面的造诣非常高。但是弘一法师并不以为傲，他一如既往地严格要求自己，更不会将自己的才学拿出来卖弄。

弘一法师在没有出家之前，有一次给学生上音乐课，当时很多学生围着他听他弹琴。其中有一个学生慢慢厌倦了，于是他站起来走了出去，并且重重地摔了一下门。摔门的声音惊吓到了其他学生，但是弘一法师并没有责骂他，只是追出去，非常和善地说：“以后可不能这样。”说完之后鞠了一躬示意这个学生离开。当时这个学生感到非常惭愧，一句话都说不出来。

在别人看来，弘一法师的这种行为非常愚蠢，他们会认为老师为什么要给自己的学生鞠躬，而且这个学生还犯了错误。但是弘一法师却不这么看，他认为想要说服对方并不一定要用严厉的语言，而他鞠躬只不过是对对方的尊重。在他的眼里，世界上所有的人都是平等的，老师和学生之间的地位也是平等的。他之所以用这种方法来教导学生，是希望学生能够自我醒悟，而这种方法要比批评效果好得多。这其实就是一种大智若愚的表现。

很多人认为“大智若愚”是一种高深莫测的境界，其实它并没有那么玄妙，在生活中只要多领悟，时间久了自己也就可以做到了，但这种智慧绝不是通过效仿就可以学到的。

其实，大智慧就是最高的智慧，这种智慧有时候更接近于没有智慧，给人感觉有些木讷，甚至愚蠢。有些人在生活中的做法初看很愚蠢，但是经过时间的沉淀，就会发现这种做法反而是最佳的做法，才发现这才是真正的智慧。

这种可贵的大智慧，自然不会表露出来，所以一个人如果想要通过效仿从而得到高深的智慧，肯定无法达到。就像上面讲到的那个人，仅仅是通过效仿皇帝的做法，既得不到皇帝的智慧，还会引起皇帝的反感，挨揍就“顺理成章”了。

真正的智慧不会流露出来，而那些肤浅的、流露于外的所谓的“智慧”因为经不起时间的推敲，所以不会长久。

扬长避短，不要盯着缺点不放

不自重者取辱，不自畏者招祸。

——弘一法师

古语云，金无足赤，人无完人。如果一个人总是纠缠在自己的缺点上，那么他就不会幸福。要知道任何人都有缺点，我们可以不断地去改正自己的缺点，但没有必要因为这些缺点而苛责自己。与其不断苛责自己的缺点，不如多花些时间去发扬自己的优点。

我们来看一个高中生小智的故事。

小智在上高中的时候，班里每次上语文课的时候都有一个特殊的环节，那就是课前五分钟的“才艺展示”。按照规定，班里所有的人都要参与，每天一个人轮流上台展示自己的才能，节目的内容不限，只要是自己的才能就行。

有一天语文课轮到小智上台了，小智其实是班里很“拿不出手”的男孩，他学习成绩很差，而且人也是邋里邋遢的。这天只见他慢腾腾走上台，摘下了他作为道具的西部牛仔帽子，先是向同学们深深鞠了一躬，然后说：“大家都应该看到我的个子比较小，但其实大家要知道我比只有一米五九的拿破仑要高出一厘米，而维克多·雨果和我的身高也差不多；我的前额不宽，而且天庭也不饱满，但是伟大的哲学家苏格拉底和斯宾诺莎却和我一样；我现在只是一个高中生却有点秃顶的症状，其实大名鼎鼎的莎士比亚也是这样；我的鼻子也是我的缺点，但是它却和伏尔泰、乔治·华盛顿的很像；我凹陷的双眼与圣徒保罗和哲学家尼采也很相似；而我这厚厚的嘴唇更是和法国君主路易十四相同；我粗胖的脖子和马克·安东尼可相媲美。”

小智停了停继续说：“可能我的耳朵有些像招风耳，但是好像耳大有福，大家要知道塞万提斯的招风耳全世界都有名；我颧骨高耸，面颊凹陷，可是大家应该看出来这和独立战争的英雄林肯很像……是的，我身体上有很多缺点，但是这可是伟大思想家们的共同特点。”

说完之后，小智又鞠了一躬走下台来，教室里立刻爆发了经久不息的掌声。

小智的这次演讲得到了同学们的一致好评，不仅因为他讲得非常幽默，更在于他懂坦然面对自己的不足。

很多人在发现自己的缺点之后，总是想方设法掩盖，其实很多时候自己的缺点并不是什么缺点。比如很多人怀疑自己的长相，认为自己长得不够帅，但是可能在别人眼里，他的这种长相反而有一种成熟和深沉的感觉。所以不要过于苛责自己的缺点。

曾经有一个年轻人想要称赞和他相亲的女孩子，但是每个他认为好看的地方，在这个女孩子眼里都是缺点。

这个年轻人说：“你的眼睛好大、好漂亮。”

“是吗？我一直认为这双眼睛和牛眼一样。”女孩子说。

其实同样的一件事，因为人们的看法不同，自然就会有不同的观点。自认为是缺点的地方，如果你花时间去改掉了，可能发现自己的魅力也少了很多。很多时候我们在改正那些并不是缺点的“缺点”的时候，往往顺带将自己的优点也抹去了。

就算自己发现的缺点真的是一个缺点，那你花费了很多时间和心血，但是最终却没有彻底改正，与其这样还不如将时间花在发扬自己的优点上。因为同样的努力可以得到更好的效果。

弘一法师曾经讲过，自己有很多缺点，但是在面对这些问题上他不会刻意花很多时间去改正，因为他知道这样做根本不值得。

就像在寒冷的冬天，我们总是去擦拭窗户上的雾气，但是擦完之后，很快又会结上一层。我们为此而懊恼，当我们将此向别人抱怨时，不妨想一下，如果把房间里的炉火烧得旺一些，让房间里暖和一些，那么雾气自然就会消失了，何必为此而烦恼呢？

这个故事里的“雾气”其实就像我们身上的缺点，我们极力想要抹去，但总不能如愿。与其这样，还不如依靠自己的良心和真实存在的优点遮盖这些缺点，这样就会让缺点降到最低。俗话说：“智者改过而迁善，愚者耻过而逐非。”我们不要再因为自己身上的缺点而苦恼了，而是应该去拓展自己的优点。

凡事要把握好一个度

事不可做尽，言不可道尽。

——弘一法师

财富和地位很多时候会成为聚集怨恨的根源；而名誉和声望很多时候会给人引来诽谤。我们要懂得“度”，要不断自省，这样才可以免去灾祸。

俗话说：“水满则溢，月满则亏。”做任何事情都要注意把握度，在适当的范围内就不会有太大的过失，而一旦超出了这个范围危险也就随之而至了。

杨修是东汉时期著名的才子，但是他恃才傲物，不懂得收敛自己的才气，更不知道如何合理使用自己的才能，总是在曹操面前炫耀，最终招来了杀身之祸，实在是让人惋惜。

东汉末年，杨修因为才思敏捷、聪明过人所以在曹操的丞相府担任主簿，为曹操掌管文书事务。曹操是一个自视甚高的人，他喜欢卖弄一些小聪明，以捉弄和刁难下属为乐。但是杨修总是能够识破曹操的小聪明，因为这个缘故，曹操对杨修逐渐有些不满意了。

有一天，曹操找来一些工匠在自己府第的后面修建一座花园，等到花园落成之后，曹操亲自去查看。这座花园修得错落有致，曲径通幽，极富情趣，曹操十分满意。但是走出花园的时候曹操忽然皱起了眉头，随即让侍从取来笔墨，在门上写了一个“活”字，写完之后二话没说，转身就离开了。

这到底是什么意思呢？工匠们捉摸不透，这个时候正好杨修经过这里，工匠们就像见到救星一样，将刚才的事情讲给他听，杨修听后就说："丞相是嫌弃这个门太窄了，你们试着拓宽一些。"

"丞相真的是这个意思吗?"工匠们还有些不放心，杨修笑着说："你们看，把'活'字放在'门'里，不就是'阔'吗?"工匠们才恍然大悟，于是按照杨修的指示将门加宽了一些。

第二天，曹操又来看自己的花园，看到改装之后的园门非常满意，于是找来工匠问道："是谁让你们这样做的?"工匠们说："是杨主簿教的。"曹操心里想，杨修这小子算是聪明到家了，但是又一想，杨修难道比自己还聪明吗? 心里顿时不快了起来。

过了一段时间，北方有人给曹操送来一盒精制的油酥，曹操品尝之后感觉味道非常好，于是将这盒油酥盖上，顺手在盒盖上写了一个"合"字，然后离开了。等曹操走了之后，大家开始议论纷纷，他们都不知道曹操这是什么意思，于是有人提议问问杨修。

杨修看到油酥盒子上的字，思索了一会儿，居然拿起盒中的油酥吃了起来，这个时候一个老文书站起来说："你不要命了，这可是丞相喜欢吃的东西。"杨修则说："你们难道没有看出来吗? 正是因为好吃，所以丞相让我们一人一口分吃了，大家来尝尝吧。"老文书还是有些不放心，他说："你可不要捉弄我们。"杨修笑着说："你们看，这个盒子上写着一个'合'字，不就是'一人一口'吗?"说完之后又拿起了一块放到了嘴里，这个时候大家想想也有道理，于是分吃了那盒油酥。

后来曹操知道又是杨修猜透了自己的心思后，虽然认可了杨修的才华，但是心中难免有些忌妒之情。

建安十九年（公元 214 年）春，曹操亲率大军进驻陕西阳平，与刘备争夺汉中之地。但是刘备的军队守备很严密，可以说是无懈可击。当时连日下雨，曹军在战事上毫无进展，曹操已有了退兵之意。

有一天，曹操正在一边吃饭一边想着下一步的行动，这个时候有个军令官前来请示曹操，问今天晚上的口令是什么。曹军中每天都要更换口令，曹操当时正好将一块鸡肋放在嘴里，于是就脱口说了“鸡肋”二字，军令官听完之后感觉很奇怪，但又不敢问，只能退了出来。

这个消息传到了杨修的耳朵里，他就开始整理自己的笔札和行装，做出要走的准备。一个文书看到之后就问他说：“杨主簿啊，这些都是每天要用的东西，你今天收拾好，明天用的时候还要打开多麻烦。”

“不用了，我们马上就要回家了。”杨修说。

“回家？怎么可能？丞相还没有下令啊！”这个文书说。

杨修诡异地一笑说：“你还没有察觉到吗？丞相今天用‘鸡肋’作为口令不就是想要离开的意思吗？‘鸡肋’是什么？‘食之无味，弃之可惜’，丞相以此来暗示我们现在的处境，凭我的直觉，我认为丞相已经做好了撤军的打算了。”

杨修的猜测很快传到了守将夏侯惇的耳朵里，他于是命令手下开始收拾东西，做好撤退的准备。没有想到这天晚上曹操因为操心军情而睡不着，于是到大帐里巡逻，当他看到部队正在收拾行李，准备撤退时非常惊奇，便找来夏侯惇查问，夏侯惇就将杨修的猜测说了出来。曹操此时对杨修已经非常不满了，这下子正好抓住了把柄，他就以扰乱军心的罪名，将杨修问斩了。

当时曹操虽然杀了杨修，但最后还是下令撤退了。杨修虽然猜对了曹操的想法，但是因为他太过于张扬，不懂得收敛自己的才华，最终只能落了个悲惨的下场。

通过杨修的故事我们可以看到，做任何事情都要注意“度”的把握，如果把握不好，很容易将好事做成坏事。有关这一点，弘一法师也不断告诫我们，做任何事情如果不懂得把握度，总是不断炫耀自己的能力或功绩，最终会让自己招来别人的忌恨。

不管是才华、富贵还是名誉，这些都应该有个度来衡量，一旦追求过度，就会成为负担，甚至会为自己招来灾祸。

让你的情绪不失控

业识未消，三昧未成，纵谈理性，终成画饼。

——弘一法师

曾经有一个比较笨的人一直过着贫穷的日子。

有一天，下了大雨，雨水将他家的院墙淋塌了，第二天他在整理废墟的时候，在墙根下挖出了一罐金子，从此他告别了贫穷的日子。生活的状况虽然改变了，但是他的愚笨并没有随之改变，他感觉非常苦闷，于是找来一位高僧，希望对方能够帮助他。

这个愚笨之人对高僧说："我该如何变得聪明呢？"

高僧对他说："其实方法很简单，你只需用你的钱去买别人的智慧就可以了。"

听完高僧的话之后，愚笨之人就来到了城市里，希望自己可以找到一个拥有智慧的人，这个时候他遇到了一个僧人，于是他叫住僧人说："大师，能不能将你的智慧卖给我？"

这个僧人说："当然可以，不过我的智慧非常贵，要五百两银子一句话。"

愚笨之人说："只要能够买到智慧，我非常愿意。"

僧人就对他说："那我现在就卖给你一句话，当你遇到困难的时候，只要静下心来，然后向前走三步，再后退三步，这样反复三次就可以了。"

愚笨之人用怀疑的口气说："这就是你卖给我的智慧吗？难道就这么简

单吗?”

僧人则笑道:“施主还是先回去吧,等到你认为我的话对的时候,再来付钱吧。”

愚笨之人听完之后就回家了,他到家的时候已经是半夜了。当他进门的时候,居然发现自己的妻子和另外一个人睡在一起,于是他心中升起了怒火,他从厨房里拿来菜刀准备杀死他们。

当他走到门口的时候,突然想起了僧人的话,于是他向前走了三步,然后再向后走了三步,这样反复了几次,却惊醒了房间里的人。这个时候他听到房间里有人说:“儿啊,你一个人在院子里做什么啊?”

愚笨之人听完之后才明白过来,原来是母亲来陪妻子,他倒吸了一口凉气,心中庆幸道:“如果今天没有僧人的智慧的话,今天晚上就要错杀妻子和母亲了。”

第二天愚笨之人就找僧人想要付款,但是还哪里找得到那位僧人。

其实这个故事就是在告诉我们,当我们遇到事情的时候,要克制自己的情绪,心平气和地去处理事情,这样才不至于让自己后悔。做任何事情都要三思,不要让自己失去平衡,不要被情绪操纵,否则只能让事情变得更糟糕。

面对突发事件，不能乱了手脚

无事时，戒一偷字。有事时，戒一乱字。

——弘一法师

在遇到事情的时候，一定注意不要乱。做任何事情都不要着急，不要慌乱。这种不慌乱不仅指心理的不慌乱，还指原则、公理以及真相的不慌乱。即便遇到非常紧急的事情，也要做到：讲良心，不偏袒；讲原则，要慎重；讲公理，懂善断；讲真相，能明察。

公元73年，东汉大将军窦固出兵攻打匈奴，当时班超是他手下的司马。窦固为了能够抗击匈奴，决定采用汉武帝用过的办法，联合其他西域国家，然后共同抗击匈奴。窦固对班超的才学非常赏识，于是派遣他出使西域各国。班超带着三十六名随从出发了。

班超一行人首先到达了鄯善国，鄯善国之前归附于匈奴，因为匈奴无节制地索要财物，鄯善国国王对此越来越不满。但因为之前汉朝已经无暇顾及西域各国，所以鄯善国国王只能忍气吞声，听从匈奴的命令。而这一次当他看到汉朝的使臣时非常开心，殷勤地接待了他们。

可好景不长，没过几天，班超就发现鄯善国国王对他们冷淡了下来，于是起了疑心，他对随从人员说："你们难道没有看出来吗，鄯善国国王对咱们不像前几天那么热情了，我想匈奴的使者应该也来了。"

正好鄯善国国王的仆人送来了酒食，班超假装早就知道的样子说："匈奴的使者来了几天了？他们现在住在什么地方?”班超的话吓了仆人一大跳，他被班超迷惑了，以为班超已经知道了，就老老实实地说：“来了大概有三天了，他们就住在离这儿不到三十里的地方。”

班超扣留了那个仆人，然后召集自己的随行人员，对他们说：“大家和我一起来西域为的是保家卫国，现在匈奴的使者来了才三天，鄯善国国王的态度就变了，如果他把我们抓起来然后送给匈奴，这样不仅不能保家卫国，就连自己的尸体也都没有办法回乡了。你们看怎么办?”大家都很着急，于是对班超说：“现在大家全听你的。”班超于是说：“‘不入虎穴，焉得虎子。’现在唯一的办法就是趁着夜黑潜到匈奴使者的帐篷里，一面放火，一面假装进攻，杀死匈奴使者。匈奴使者一死，事情就好办了。”大家也都认可了班超的这个计划。

到了这天半夜，班超率领着自己的三十六个随从来到了匈奴使者的帐篷外。正好那天晚上有大风，班超和自己的随从放火烧了匈奴使者的帐篷，一时间火光四起，匈奴使者不知道来者到底有多少人，他们还没有完全清醒就已经被班超及其随从杀死了。

等班超他们回到自己营房的时候，天已经亮了，他请来鄯善国国王，告诉了他昨天晚上的事情，鄯善国国王听到匈奴使者已经被杀，只能表示愿意服从汉朝的命令。

班超回到朝廷之后，汉明帝论功行赏封他为军司马，并且派遣他到于阗去。

汉明帝让班超多带些人马，但是班超说：“此去于阗路途遥远，就算是带上几百人也没有什么用，其实路上人多了反而麻烦。”于是班超依旧带着自己之前的三十六个随从出发了。

等到了于阗，于阗国王看到班超带的人很少，招待也就不怎么热情了。班超劝说于阗国王脱离匈奴，和汉朝交好。于阗国王犹豫不定，决定请示巫师。那个巫师对汉朝和于阗交好这件事情很不看好，所以他装神弄鬼一番之后，对于阗国王说："你为什么要和汉朝交好呢？我只是认为汉朝使者的那匹马还不错，可以拿来骑骑。"于是于阗国王派人向班超讨马。班超说："马倒是可以给，但是要巫师自己来取。"

过了一会儿，那个巫师得意扬扬地来取马，班超和他并不多说，手起刀落就斩了巫师的首级，然后拎着巫师的脑袋去见于阗国王，责备说："如果你还要继续和匈奴勾结，那么巫师就是你的榜样。"于阗国王早就对班超的英名有所耳闻，这下是真的服了，战战兢兢地说："我现在愿意和汉朝交好。"

班超在出使西域的时候两次遇险，两次遇到复杂的情况，但是他都从容应对。当时如果他慌了手脚，不知道该何去何从，那么最终肯定会让事情败露，甚至还会丢了自己和随从的性命。

我们在生活和工作中经常会遇到一些突发事件，这些事情甚至会超出我们的想象，那么在这种情况下我们该如何面对呢？我们应该像班超一样静下心来，静观其变，思考处理事情的办法，最终将事情圆满处理。

金钱乃是身外之物

以冰霜之操自励，则品日清高；以穹窿之量容人，则德日广大；以切磋之谊取友，则学问日精；以慎重之行利生，则道风日远。

——弘一法师

金钱、声名这些被人们追求的东西永远不会得到满足，这些东西也是让人陷入地狱苦海的工具，所以人们不应该执着于此，我们应该尽量摆脱这些东西的束缚，只有这样自己的身心才能够获得自在。

有一次，弘一法师来到了宁波，居住在七塔寺，当时夏丏尊听到他到来的消息之后，就去探望他。

当时在七塔寺水堂中居住着很多云游而来的僧人，大约有四五十个。他们的居室非常简陋，床铺都是上下层，弘一法师就睡在一个下铺上。

弘一法师对夏丏尊说：“我到宁波已经三天了，前两天都是在一个小旅馆里居住。”

夏丏尊说：“小旅馆的条件很差吗?”

弘一法师回答说：“很不错，臭虫不多，主人对我也非常客气。”

夏丏尊随即邀请弘一法师到上虞白马湖居住几日。法师的行李非常简单，所有的铺盖都是用草席包起来的，等到了白马湖打开铺盖往床上一铺，然后摊开被子，用换洗的衣服作为枕头。收拾好这些之后，弘一法师拿起一个很破旧的毛巾到湖边去洗脸。

夏丏尊说："法师你的毛巾太旧了，我帮你换条新的吧。"

弘一法师却说："不用，不用，我这条挺好的，还能用，和新的差不多。"

通过这个小故事我们就可以看出弘一法师的做人本色，他对吃穿要求非常少，很容易得到满足，所以他出家之后过得自由自在。

金钱对于所有人的生活都非常重要，每个人努力赚钱就是为了让自己的生活过得更好。但是金钱不是万能的，人更不能做金钱的奴隶。要知道金钱并不是生活的全部，生活中还有更重要的东西。

很久以前，在普陀山下有一个人以打柴为生。这个人每天早出晚归、风餐露宿，但就是这样努力也时常揭不开锅，全家人都要饿肚子。他的老婆每天都要念佛，期望佛祖能够让他们全家人脱离苦海。

樵夫老婆的诚心感动了佛祖，他们的好运真的降临了。有一天他们在一棵大树底下挖出了一个金罗汉，一夜之间他们成为了有钱人。于是他们置办了很多土地和房屋，请来亲朋好友吃饭，场面非常热闹。很多人就像从地底下冒出来的一样，纷纷前来祝贺他。

按照常理樵夫应该非常开心，因为他终于成了有钱人，他可以享受荣华富贵了。但是他高兴了一段时间之后就开始犯愁，每天吃不香、睡不着。老婆看到他这种情况之后，就说："现在我们不愁吃、不愁穿，你每天还在忧愁什么？就算是来了小偷，一时半会儿也偷不完我们的财物。你真是一个丧气鬼，天生受穷的命。"

樵夫听了之后非常不耐烦，他说："你个妇道人家懂什么？我忧愁的是十八罗汉现在才得到了一个，还有十七个埋在什么地方我还不知道呢！这样我怎么可以安心？"说完之后整个人居然瘫坐在了床上。结果这个樵夫整天忧愁，最后郁郁而终也没有享受到荣华富贵。

其实，这个拥有财富的樵夫，虽然他有钱了，但在精神上还是一个穷人。

贪婪不是遗传而来的，而是后天环境造就的。一个人无论是自私还是大度都是正常行为，但是在生活中一定不能养成贪婪的习惯，越加不满足，就越容易失去。

我们应该明白这样一个道理，金钱并不是唯一让人满足的东西，在现实生活中，过分依赖金钱和物质，就会让人变得懒惰，而且会改变一个人的性情。过分贪恋钱财的人会被金钱所迷惑，甚至会为金钱而痛苦。他们一旦失去了金钱，就会像鱼儿失去水源一样无法生存。

金钱并不一定让人得到满足感和幸福感。人生的美好并不是金钱能够衡量的。其实，金钱只要够用，能够满足生活的必需就可以了，不要因为金钱而迷失了自己的心灵。

面对金钱我们应该拿得起、放得下。赚钱是为了更好地活着，但是活着绝对不是为了赚钱。如果有人将赚钱作为生活的目的和宗旨，那么这个人就是一个可怜虫，他被金钱所捆绑，成为了金钱的奴隶，这种人终究会被生活所遗弃。

透过黑暗，才能看见光明

安莫安于知足，危莫危于多言。

——弘一法师

只有处于逆境之中才能够真正考验一个人。人们都渴望一帆风顺的生活，但是这在现实中几乎不可能实现，只有遭遇了黑夜，我们才更渴望光明，我们才会更加珍惜现在的生活。

曾经有一个年轻人，在一次偶然的机会遇到了自己的老师，老师对这个年轻人很关心，询问他的近况。年轻人将自己毕业之后到工作中的所有逆境和不顺利的事情都讲了出来。

老师非常耐心地听完了这个年轻人的抱怨，等年轻人说完后，老师点点头说："看来你的近况一点都不理想，但是你有没有想过努力改变这种境况，然后让自己过得更好一些呢？"

年轻人慌忙说："我自然希望过得更好啊，老师。但是您有什么诀窍吗？"老师非常神秘地说："你想要诀窍，我这里倒是有一些，如果你晚上有空的话，请按这个地址来找我。"说完之后递上了自己的名片。

这天晚上，这个年轻人来到了老师的住处，那是一个市郊简陋的平房，老师看到年轻人到来非常高兴地搬出两张凉椅到屋外，然后和年轻人一起聊了起来。老师扯东道西地和年轻人讲了很多，这个时候年轻人着急起来，想要知道老师到底有什么诀窍能够让自己过得更好一些。

老师微微一笑指着天上的星星说："你知道天上有多少颗星星吗？"年轻人抓了抓头皮说："天上的星星那么多，我还真不知道有多少颗。"接着又说："可是这和我有什么关系呢？"老师这个时候语重心长地说："孩子，在白天我们能看到的最远的地方应该就是太阳；但是到了晚上我们却可以看到数之不尽的星星。我知道你现在的情况不是很好，但如果年轻的时候一帆风顺，当你的人生进入到黑夜时，你还能够看到更远、更多的星星吗？"年轻人这次明白了老师话中的含义。

其实，在人的一生中，就算是不幸也是一种机遇。别林斯基说："不幸是一所最好的大学。"自知者明，自强者胜。强者可以征服山，就是跋山涉水也在所不惜；弱者就算是面对一张薄纸也不能伸出手指将其戳破。每个人在生活和工作中都会遇到挫折，强者在面对挫折的时候会淡然一笑，然后努力战胜挫折；而弱者则把挫折当作一座大山，惧怕它，只会闭上双目等待着糟糕的结局。我们应该调整好心态，将不幸当作一种机遇，这样就可以战胜不幸。

让·克雷蒂安连任两届加拿大总理，可就是这样一个杰出的人小时候却有口吃，而且曾因疾病导致左脸局部麻痹，嘴角畸形，讲话的时候嘴总是会向一边歪斜，而且他的一只耳朵也有些失聪。

让·克雷蒂安在小时候听到一个医生说，嘴里含一颗石头可以矫正口吃，于是让·克雷蒂安整天在嘴里含着一颗石头，就这样他的舌头和嘴巴都被石头磨烂了。母亲看后非常心疼，她抱着自己的儿子说："克雷蒂安，我们不练了，妈妈会一辈子照顾你。"但是让·克雷蒂安一边帮妈妈擦干眼泪，一边坚强地说："妈妈，我听说所有漂亮的蝴蝶都经过了一个漫长的冲破束缚的过程，我现在就是要努力练习说话，我将会成为一只漂亮的蝴蝶。"

果然，功夫不负有心人，在经过了一段时间的磨炼之后，让·克雷蒂安终于能够正常讲话了。不仅如此，因为他从小就是一个勤奋并且善良的孩子，因此中学毕业的时候取得了优异的成绩，而且还拥有了非常好的人缘。

1993年10月，让·克雷蒂安参加了加拿大总理大选，当时他的对手大力攻击和嘲笑他脸部的缺陷，“像他这样的一个残疾人怎么可能成为总理！”但是他们的这种行为激起了大部分选民的愤怒和谴责，而让·克雷蒂安的成长经历更是得到了更多选民的尊敬。在竞选演讲的时候，让·克雷蒂安说：“我将带领我的国家和我的人民成为美丽的蝴蝶。”最后他以高票当选了加拿大总理，并且在四年之后的1997年连任成功，很多加拿大人亲切地称他为“蝴蝶总理”。

当我们遭遇困难和不幸的时候，不应该畏缩不前，更不应该轻言放弃，而应该抓住机遇，努力发挥自己的能力改变现状。

不做无谓的争辩

以恕己之心恕人，则全交。以责人之心责己，则寡过。

——弘一法师

不要将生命的大部分时间放在争辩对错上，我们要懂得顾全大局，尤其是要照顾身边的人。很多时候如果自己过于坚持，很有可能失去理性、时间甚至自由，这将是无比糟糕的事情。因为生命的意义不仅在于输赢和对错。

很久以前，有一个小孩子来到山下的河边挑水，这个时候一个人走过来问他说："小孩，我可以问你一个问题吗?"

小孩子说："当然可以。"

那个人问道："你知道一年之中有几个季节吗?"

小孩子想都没有想随口说道："这谁不知道，当然是四季了。"

那个人说："你说的不对，应该是三季。"

小孩子反驳道："谁都知道，一年之中有春、夏、秋、冬四个季节，每一个季节有三个月。既然你说有三季，那么这三季是什么呢?"

那个人非常肯定地说："三季分别是早季、中季和晚季，一季分别是四个月。"

于是两个人就这个问题争论了起来，双方都各执一词不肯罢休。

两个人争论得脸红脖子粗，后来那个人提议说："这样吧，我们现在去找前面村子里的智者，问问他一年之中到底是三季还是四季。如果我输了我给你磕三个头，如果你输了你给我磕三个头。怎么样?”

小孩子也不甘示弱，非常自信地说：“好，我们现在就走。”

于是他们推推搡搡来到了智者面前，当他们说明来意之后，智者看了看两人，笑了笑说：“这位先生是正确的，一年应该是三季。”

小孩子非常奇怪，用怀疑的眼光看着智者。智者对小孩子说：“既然你和这位先生事前有约，那么就给对方磕三个头，然后让这位先生回家去吧。”

小孩子只能给那个人磕了三个头，然后那个人得意地回去了。

小孩子非常不解地问智者说：“智者，一年明明是四季，为什么你们都说是三季呢?”

智者说：“他既然来问这么简单的问题，那么这个人肯定就不是简单的人，你看他那个样子，如果我说是四季的话，他肯回去吗?”

小孩子回家之后感觉非常生气，想一个人出去走走，于是索性收拾了一些东西去了城里。

孩子的父母找到了智者给他说了这个情况，智者说：“没关系，让他去吧，过几天他想明白了就会自己回来的。”

下山后的小孩子在闹市看到两个人在打架，其中的一个人就是曾经问他一年有几季的人，两人打完之后都伤得不轻。小孩子就问旁边的人，他们为什么要打架？旁人都说他们两人因为一年有几个季节的问题在争论，争论着就打起来了。

小孩子听完之后默默离开了那里，他决定回家了，并且还准备跟随那位智者学习。他想，还是智者高明，要不然自己也会和那个人打起来。和这种人较量，就算是打赢了，其实也是输了。

其实对于一些无谓的争辩，就算你最终赢了，其实还是输了。真正的智者能够避免无谓的争夺，能够合理保全自己，这一点让他们过得很快乐。

世界上很多争斗，无论是大的还是小的，很多时候都是因为“自以为是而以人为非”引起的。那么争夺的结果又如何呢？最终还不是导致了自己的心情不爽、和他人的关系紧张。聪明的人不会因为无谓的斗争而伤害自己，懂得了这一点才能获得真正的快乐。

积极反省自己

唐荆川云：须要刻刻检点自家病痛，盖所恶于人许多病痛处，若真知反己，则色色有之也。

——弘一法师

人们应该正确面对自己的缺点，不要隐瞒和遮掩，只有这样才能够及时改进，让自己得到进步。历史上有很多人都能够正确面对自己的缺点，战国时期的邹忌就是其中的典范。

邹忌是齐国有名的美男子，他身高八尺，长得风度翩翩。让人羡慕的是，他不仅外形英俊，而且还拥有能够治国安邦的学识，他当时是齐国的国相，辅佐齐威王治理国家。

有一天早上，邹忌穿戴整齐准备出门，这个时候正好妻子从身边走过，他就拦住妻子说："我听说城北的徐公非常英俊，那么我和徐公谁英俊呢？"妻子看了看说："当然是你英俊啊，徐公怎么能够比得上你呢？"原来齐国国都邯郸的北部还住着一个徐公，也是出名的英俊之人，很多齐国的人都喜欢将邹忌和徐公做对比，认为两人是齐国的骄傲。邹忌认为妻子的话不可信，他于是转头问一旁的小妾说："你认为我和徐公谁更英俊一些？"小妾嫣然一笑，然后说："城北的徐公怎么可以和你比呢？"

第二天，有一位客人从远方来拜访邹忌，他们两人聊着聊着，邹忌就问客人说："你认为我和城北的徐公谁更英俊一些？"客人哈哈大笑说："当然是你更英俊一些啊。”

过了几天，城北的徐公有事来找邹忌，邹忌仔细端详了徐公之后，自认为自己没有对方英俊。晚上邹忌在床上反复思考这件事情，后来他得出结论：“妻子之所以赞美我，是因为偏爱我；小妾之所以赞美我，是因为怕我；而客人之所以赞美我，是因为有求于我。而我居然相信了他们的话，真的认为我比徐公要英俊，真是不应该啊。”

邹忌很快意识到自己有喜欢听赞美而忽略了现实情况的毛病，当即他想到了有同样缺点的齐威王，于是后来就有了著名的“邹忌讽齐王纳谏”的故事。

当时，邹忌贵为国相都能够清醒地认识到自己的错误，并且积极反省自己，这实在是让人佩服。其实大道理所有人都懂，但是在现实生活中，人们还是习惯将眼睛盯在别人身上，尤其是特别喜欢看别人的缺点，而对自己的错误总是缺少检讨，总是认为自己比别人强。直到有一天，因为各种原因而得以发现自己的缺点，这才会低下头来，不会对对方指指点点。

坚持一颗善良的心，赢得他人尊敬

人生最不幸处，是偶一失言，而祸不及；偶一失谋，而事幸成；偶一恣行，而获小利。后乃视，而恬不为意。则莫大之患，由此生矣。

——弘一法师

有一个学生叫张三强，他天生有些愚钝，所以学习成绩很一般。后来老师想到了一个办法，让全班同学都帮助张三强复习功课，但是几个月之后，张三强的成绩还是没有起色。

老师对这个情况非常着急，对张三强也多了一份关注，将他叫到面前，然后一字一句地说："其实学习知识只要认真就可以了，如果自己已经努力了，而又没有起色，那自己不要气馁，这些都没有关系。只要我们学会做人就是了，知识可以慢慢学。"张三强非常感动，于是在家中反复思考老师对他讲的话。

后来，老师有心要锻炼张三强，于是派他代表班级参加演讲比赛。当时对于张三强的愚钝，其他班级的同学也都是早有耳闻，所以准备刁难一下他。

张三强发现了他们的想法之后，对此并不生气，反而特别礼貌，他还将老师之前给他讲过的那段话讲给其他同学听，逐渐地大家都接受了他。

后来，张三强在这次演讲比赛中赢得了很多朋友，他们在之后的学习道路上相互帮助，张三强的成绩也有了很大的起色。

其实，一个人是否能得到别人的尊敬并不一定在于你知道多少知识，而关键要看你是如何对待别人的。虽然张三强是个愚笨的人，但是他内心有着一颗善良的心，所以他可以赢得其他同学的肯定。这不仅仅是张三强能够做到，我们每个人都可以做到。只要我们每个人坚持一颗善良的心，就会赢来别人的尊敬。

第四章

人以品为重，行凭德当先

——听李叔同讲敦品

名声不可刻意追求

惜名者，静而休；市名者，躁而拙。

——弘一法师

美誉并非是自己强求来的，如果执着于追求好名声，反而会违背自己的良心而做事，就会丧失内心原本的纯真和清净。

我们来看一个故事。

有一位大善人因为自己的善心而得到了人们的尊重，而他的这颗善心更是影响到了很多人。

有一天，这位大善人准备了五十辆马车的食物和物品准备去帮助受到水灾侵害的人，此行他还带了三十个随从，以随时调遣。他和他的随从浩浩荡荡地从家里出发了。但是他们足足走了一个月时间才到发生水灾的地方。来到这个地方后，大善人先是带着几个随从去考察情况。

大善人在帮助受灾百姓的这段时间里非常辛苦，但是值得称奇的是他带来的食物好像用不完一样，后来他才知道，原来每天都有其他的好心人将自己的食物和物品增补到他的食物和物品中来。

过了一段时间之后大善人准备带领随从离开了，并将剩下的物品留了下来。得知这个消息后，当地的百姓居然在他的空车子上装满了很多当地盛产的、没有受到水灾影响的果实，来感谢这位善人。

做人只要心境清净、心地善良，那么到什么地方都会得到别人的尊敬。弘一法师对此很认可，他一直认为凡是爱惜名声的人，都应该与人无争，在安详和宁静中获得清净、自在的境界。世界上那些沽名钓誉的人，他们往往一心追求名利，他们的内心实际上浮躁不安，做事情自然就会患得患失。其实人一生中修来的福分并不是通过妄想就可以得到的。越是希望得到的，越是不能得到，而且还会在追求的过程中损害自身。

做到了内心淡定无所求，要比虚无的名声重要得多。

以浩气临事，则疑畏释

以和气迎人，则殄灭。以正气接物，则妖氛灭。以浩气临事，则疑畏释。以静气养身，则梦寐恬。

——弘一法师

弘一法师认为用和气的态度去对人就可以平息暴戾，用正直去接物就可以消除奸邪，用浩然正气去处理事情则可以消释多疑和恐惧，一旦能够平静下来就可以睡眠安稳。这其实就是在告诉我们，只要我们拥有浩然正气，哪怕面对别人的误解也不怕，因为他们迟早会理解你的用心。弘一法师不断告诫自己的弟子：不要担心被别人误解，只要你做的事情是对的，时间久了人们自然会理解你，懂得你的良苦用心。

我们来看看唐代徐有功的故事，他就是一个敢于仗义执言、浩气一身的人。

徐有功为人宽厚，总是不忍心惩罚别人，他在担任蒲州司法参军时，深得当地百姓的爱戴。百姓和军吏相互约定，就算是受了徐有功的杖责也不要放在心上，更不能暗中骂他。

不久，徐有功累迁至司刑丞。

当时武则天刚刚登基称帝，改国号为周，她担心一些大臣密谋杀害自己，于是让周兴、来俊臣、丘神勣、王弘义等酷吏调查。这些人飞扬跋扈、诬陷无辜、滥用酷刑，气焰甚是了得。当时这些酷吏听到一些风吹草动就会拟定罪名，一时间官吏之间相互揭发、相互诋毁，武则天则是以升官和奖赏作为鼓励，所以他们就更加肆无忌惮了。

当时唯独徐有功不怕武则天，多次触犯武则天并与她争论，武则天越是严厉，徐有功就越是正义凛然。

当时博州刺史琅琊王李冲派家奴去贵乡监督息钱的征收，他们早就和县尉颜庆豫打过招呼，所以李冲的家奴们在回行的时候，带着弓箭从闹市中穿行而过。时隔不久，李冲跟随父亲越王李贞起兵反周，兵败被诛，贬姓为虺。于是魏州人上告颜庆豫参与了李冲的谋反。负责这件事情的官员认为颜庆豫赶上了永昌（公元689年）特赦，最多判个流放。但是侍御史魏元忠认为颜庆豫是合谋，所以不应该特赦，而应该抄了他全家，武则天下旨同意了他的建议。

当时徐有功说：“永昌赦令说‘与李贞一同做恶事的人，魁首已经伏诛，支党中未被揭发的减刑’。我想‘已经伏诛’这句话不是已经说明了魁首已经全部被杀，没有漏网的吗？而颜庆豫是在赦令下达之后被揭发出来的，这个应该算是支党了吧。现在你们却要将支党作为魁首，将放生的人又拉回来再治罪一次，我不知道朝廷到底要做什么？”

不止如此，凡是被武则天下诏打入大理寺的人，徐有功都会挺身而出，仗义执言，前前后后总共有百十余人在徐有功的帮助下得到了宽恕。

但是徐有功的仗义执言和酷吏们的直接利益相冲。徐用功在担任秋官郎中期间，有一次，凤阁侍郎任知古、冬官尚书裴行本等七人遭奸人诬陷被判死刑，武则天对大臣们说：“古人以杀止杀，我今天以恩止杀，想通过诸公放任知古等一条生路，以让他们得以重生，不知你们意下如何？”听完武则天的话后，来俊臣和张知默等人极力反对，表示一定要依法处置，他们还将裴行本等人带来再次核检他们的罪过。徐有功上前奏道：“来俊臣违背明主的再生之赐，亏损圣人的恩信之道。”最终武则天还是赦免了他们七个人，而来俊臣等酷吏对徐有功恨之入骨。

还有一次，徐有功劝谏武则天免除一个大臣的死刑，但是没有成功。于是秋官侍郎乘机弹劾他故意要放出反囚，并且附上了他们罗织的所谓的“罪行”，最终武则天虽然没有处死徐有功，但还是免除了他的官职。

但是没过多久，武则天又要任命徐有功为左肃政台侍御史。而徐有功却推脱道：“我听说鹿本来可以在山林中自由奔跑，但是到了厨房里就要全部听从厨师的了，形势本就是这样。陛下让我做官，我肯定会秉公执法，但是这样肯定会因为种种原因最终被处死。”武则天不听，执意给他赐予了官职，并且专门褒奖了他。百姓们听说徐有功重新做了官，都非常高兴，纷纷前来祝贺。

可是，不久之后徐有功又因为一件事情而牵连其中。当时润州刺史窦孝谌的妻子庞氏被家奴诬告，说她在夜间大搞妖祟，于是给事中薛季昶判了庞氏死罪。而庞氏之子窦希瑊上诉喊冤，徐有功在了解了案情之后，决定对这个案件进行改判，薛季昶就弹劾徐有功与恶逆为党，应该判处弃市之罪。徐有功知道这件事情之后说：“难道我会死，而那些人永远就不会死吗?”武则天听后就问徐有功说：“近来误放走了很多人是怎么回事?”徐有功说：“误放，是臣的小过错；而好生，则是陛下的大德啊。”武则天听后默然不语，后来庞氏终被免除了死刑，而徐有功也在此后被免除了官职。

不久之后徐有功又一次被起用，他被任命为司刑少卿。皇甫文备在和他办案时诬告他私放逆党。但是不久皇甫文备因为其他的案子锒铛入狱，最后是徐有功救他出来的。有人问徐有功说：“那人曾经想要置你于死地，你却救了他，这是为什么?”徐有功回答说：“你说的那都是私人之间的事情，而我现在放他出来是为了守法，我不能因为私人的恩怨而违背法令啊。”

后来，徐有功在担任司仆少卿期间病逝，享年68岁。武则天赐予他官司刑卿，等到中宗即位后他被追封为越州都督，而唐武宗会昌年间又追谥徐有功为忠正公。

当时有很多人将徐有功和汉代的于定国、张释之相比。甚至有人认为他的仁义已经超过了这二人。张释之在汉文帝时期当政时，国内外无事，在太平年间秉公执法要容易很多；而徐有功则处于变乱时节，酷吏周兴等人横行天下，他还能保持一身正气，就算是面临几次险境也没有放弃，他的这种行为当然要比张释之和于定国更加可贵。史学家称赞他说："徐有功不以唐、周贰其心，唯一于法，身蹈死以救人之死，故能处猜后、酷吏之间，以恕自将，内挫虐焰，不使天下残于燎，可谓仁人也哉！"

其实对人、待事就应该像徐有功一样，始终要有一身正气，而且要敢于仗义执言，这样做事情不仅能够帮助别人，而且也让自己的内心能够得到安宁。虽说保全自身很重要，但是该站出来还是要站出来，不要为了自己一时的安逸而总是畏缩于人后，这样最终会受到良心的谴责。

坚定信念，做事不随波逐流

以虚养心，以德养身，以仁义养天下万物，以道养天下万世。

——弘一法师

在古时候有一个残暴无比的大王，他不推行仁政，对百姓也是极力欺压，虽然大王身边的一些智者看到大王对百姓的残暴非常难过，但是他们没有办法阻止这个暴君。于是在这些大臣的心中产生了这样的一个想法：难道这个世间就只有杀与被杀、征服与被征服、悲伤和快乐吗？大王难道就不可以通过正义和公正的方法来治理国家吗？

当一些大臣在一起探讨他们的这种想法的时候，正好被一位心术不正的大臣听到了，于是他心中产生了邪恶的念头，他想，这些大臣这么关心国家政治的问题，难道是想要谋权篡位吗？但是他又认为这些大臣的方法太过于软弱，根本无法解决百姓们懒惰的问题。如果他们真的想要谋权篡位，那么我就有机会了，我为什么不趁机撺掇他们，诱发他们的统治欲望？

于是，这个大臣找到了那些大臣，然后撺掇他们谋权篡位，并对他们说："如果你们拥有了统治权，那么你们就会变得快乐，而且你们所统治的人民也会变得快乐。到那个时候世界上不会有人被杀、国家和国家之间也会少了侵略、百姓们也不会悲哀，世界上将充满正义。"

但是这些大臣非常冷静地问这个大臣说："我们倒是想知道你这样鼓动我们到底是为了什么，这样做对你有什么好处？"这个大臣笑着回答说："你们现在有了更好的治理国家的方法，而现在的大王又太过于残暴，只有在你们的统治下这个国家的人才会过得快乐，这个世界才不会有悲哀和杀戮。因为大家已经非常满足，你们就可以施行你们的仁政了，这难道不好吗？”

这些大臣还是摇摇头说：“如果我们来治理这个国家，让这个国家变得很富裕，但是这对贪婪的人来说还远远不够。我们认为一个人活着应该充满正义，自己经历了痛苦，那么就不会沉迷于欲望之中了，这样他们就会善待其他人了。”

这些大臣的态度非常坚决，丝毫不听这个大臣的谗言。后来在这些正直大臣们的劝说下，这位残暴的大王开始改变自己以往的行为，最终成为了人人敬仰的好大王。

其实，一个人能不能被诱惑所左右，并不是看诱惑的多与少，而是看这个人心中的道德信念是不是坚固，是不是可以用自己的品性德行筑起一道高墙，以阻止物欲的闯入，以杜绝心中魔怪的产生。

不过世界上有很多人都有不好的习性，那就是随大溜。他们在做事情的时候很容易受到别人的影响，别人说向西的时候他就会向西，别人说向东的时候他就会向东。很多人都是在别人的语言中不断摇摆，丧失了自己的主见。这种人的内在修养不够，德行也不够深，自然就会像墙头草一样摇摆不定，这样很容易迷失自己。

关于这个问题，弘一法师曾经做过一段警示：一个人只有独具慧眼，做事情不随波逐流，才能够获得千古流传的美好品格。而想要拥有这种品格，经过一段锤炼很有必要。要想让自己的品行端正，还需要从内心开始修炼，做到存悟真理，坚定信念，切勿摇摆，谨守自身！

挫折面前也从容

人当变故之来，只宜静守，不宜躁动。

——弘一法师

在我们的生活中必然会遭受挫折和打击，这个时候我们不应该急躁，就算当时没有找到解决的办法，也应该始终坚定自己的志向。如果操之过急会造成身败名裂的下场。

远大的志向是指引一个人不断前进的导航器，只有在志向的指引下，人才能够充满斗志。但是现实生活中很多人都会因为遇到挫折或者打击而放弃自己的志向。这种做法虽然看起来是知难而退的“明智之举”，实际上却大错特错。弘一法师在遇到这种情况的时候，依旧选择了坚持努力，他以他的切身行为来指导我们。

在现实生活中遇到打击和挫折很正常，不仅仅是我们普通人，就算是成就斐然的大人物同样也会遇到打击和挫折，只不过他们在面对这些问题的时候选择了坚持，所以他们最终获得了成功。

孔子是我国著名的教育家，他在小时候就树立了救世为民的远大志向。他曾经担任过管理仓库的“委吏”和管理牧场牲畜的“乘田”，在当时这些都是非常卑微的职业，但是为了实现自己的志向，孔子在这些普通而又卑微的职位上仍旧做出了成绩，后来他终于得到了鲁国权臣季氏的赏识，从此踏入了上大夫阶层。

后来，鲁国的君王让孔子代行国相的职务，参与国政的治理。孔子参与国政治理仅3个月的时间就让鲁国发生了很大的变化，商人们不再哄抬市价，百姓们也恪守法律，社会秩序非常稳定。在这段时间里，孔子还做了两件大事：第一是他在齐国和鲁国两国国君会盟的时候，借助自己的口才和智慧使强大的齐国归还了鲁国的土地；第二是他下令拆除了鲁国三大权臣之中季氏和叔孙氏的城池，以此加强国君的权力。虽然孔子治理国家的时间非常短，但是他的“救世”思想得到了广泛的传播，而且效果非常明显。这其实就是孔子坚守自己志向的结果，如果他在担任卑微职务的时候就放弃了，那么后面的这些故事就不会发生。

此时的齐国看到了鲁国的发展变化，他担心强大起来的鲁国对自己不利，于是就给鲁国的国君贡献了很多美女和歌妓以此来扰乱视听。鲁国的国君果然迷失了自己，不再关心朝政，孔子看到这些之后，认为自己的思想无法在鲁国实行下去，于是就带着自己的学生以及救世的主张离开了鲁国，希望得到其他诸侯国的信任。

当时，各个诸侯国几乎都由权臣或大氏族执政，他们都担心国君任用孔子而限制了他们，所以极力加害于他。孔子到卫国的时候，就有人带着官兵来威胁和恐吓他和他的弟子；孔子到宋国的时候，宋国的一些权臣就派人来暗杀他；孔子到楚国的时候，虽然得到了楚昭王的赏识，并且得到了700里的封地，但是却被令尹子西反对，遭受了多次围攻，差点因此而丢失了性命。

虽然在各国奔波的孔子遭受了很多挫折和打击，也受尽了磨难，但是他一直坚持自己的志向，从来都没有改变过。曾经有一次，孔子和弟子已经很久没有吃到食物，没有一点力气，很多学生因为饥饿而倒下了。可就算是面对这样的困境，孔子依然弹瑟吟唱，毫无沮丧泄气的样子。学生们看到屡遭挫折的老师仍旧如此乐观自若，更加增添了敬佩之情，很多学生都说：“我们的老师有这样高的志向，就算现在不被人所理解，但是他依旧坚持自己的志向，还在不断努力，这才是真正君子的做法啊。”

有些逃避到山林中隐居的人自认为看穿了世态炎凉就嘲笑孔子和他的救世思想。他们都认为孔子是在做无用功，他的努力只能让他一次次碰壁。有人还去劝说孔子的弟子不要再跟着孔子做傻事，不如和他们一样退隐山林，然后等着太平盛世的到来。孔子对此非常不屑，他说：“我们不要在山林中和鸟兽为伍，如果我们处于太平盛世，那么我们还要做什么呢？”

孔子在各国奔波的过程中经常寄人篱下，有时连一个落脚的地方也没有，处境非常艰难。后来他到了齐国之后，齐景公准备赏赐给他田宅，但是孔子却拒绝不接受，他对学生说：“齐景公并没有接受我的主张，现在赏赐给我田宅无非是可怜我，这种做法我怎么可能接受呢？”

孔子离开齐国之后，时隔十四年又回到了自己的家乡鲁国，因为没有诸侯国愿意接受自己的主张，所以他决定回到家乡从事教育事业。孔子打破了当时只有贵族子弟可以读书的传统，招收了很多平民学生，并且认真培养他们。后来孔子的一些学生得到了一些诸侯国的重用，他们贯彻了老师的思想，不断奋斗。

等到了汉朝，儒士董仲舒继承并改进了孔子的思想，从而得到了皇帝的认可，于是出现了“罢黜百家，独尊儒术”的局面。虽然孔子一生都没有实现自己的志向，但是他对志向的执着使得儒家思想得以发展和传承。

一个人想要实现志向并不会一帆风顺，如果一遇到挫折就打退堂鼓，到最后肯定一事无成。只有确定了自己的志向，然后勇敢坚持下去，我们才会得到我们想要的结果，此时，之前的所有奋斗和努力都成了美好的记忆和宝贵的精神财富。很多时候，追求的过程和美丽的结果同样重要。

知礼恭谨，而后修行

人以品为重，若有一点卑污之心，便非顶天立地汉子。品以行为主，若有一件愧怍之事，即非泰山北斗宏仪。

——弘一法师

我们来看一个小沙弥和钟声的故事。

人们都知道在寺院里都是依靠钟声来发号施令的，其实除此之外，钟声还有其他的作用：在早晨，寺庙中的钟声是先急后缓的，这样做是为了警醒大众，黎明已经来了，长夜已经过去，不要再懒惰；而夜晚的钟声则是先缓后急，这也是为了警醒大众，应当注意在身体最懈怠的时候不要昏昧。

有一天，寺庙的禅师从禅定中醒过来，这个时候他听到了外边悠悠扬扬的钟声。等到钟声停止的时候，他召唤来门外的侍者，说："今天司钟的是哪一位僧人？"

侍者回答说："师父，今天司钟的是一位新来的小沙弥，他是刚刚来寺中参学的。"

于是，禅师把这个小沙弥叫到座前，问他说："小沙弥，你今天早上敲钟的时候在想什么？你是以怎样的心情来敲钟的？"

小沙弥摸了摸自己的光头，想不明白师父为什么会这样问，只好照实回答说："师父，当时我并没有什么特殊的心情啊。"

禅师继续问道："不会啊，你敲钟的时候应该在想些什么，因为我认为今天的钟声格外清亮，只有那些心思沉静、诚心诚意的人才能够敲出如此动听的钟声。”

小沙弥想了想说：“师父，其实当时我真的没有刻意想什么，我只是想起了家师对我的一些教诲，他告诉我，在每次敲钟的时候一定要想到钟其实就是佛，对待敲钟就和礼佛一样，要真心诚意。”

禅师听后非常欣慰，他说：“小沙弥，你的修行很不错，希望你以后每天做事情都要有这样的司钟之心。”

小沙弥听从了师父的教诲，从此更加虔诚地礼佛，并且养成了做事情恭谨的心态成为了一代宗师。

故事中的这位禅师为什么能够专注于钟声呢？因为他认为从一个人敲出的钟声中能够听出一个人的品德，能够觉察出对方的禅心，俗谚有云：“有志没志，就看烧火扫地。”其实讲的就是这个道理。故事中的小沙弥虽然年纪小，但是他在敲钟这样的小事上都非常诚心，时刻保持着一种礼佛的心态，自然会在修行上有所作为。

如果我们每个人能够在平时做事的时候保持一种恭谨知礼的态度，那么自然会成就一番事业。

春秋时期的晏子是一个品德出众的人，他曾经担任齐国的宰相。虽然他有时候不会按常理去做事情，但始终没有失礼于人，所以得到了人们的敬佩和尊重。

曾经有一次，晏子接受大王的使命出使鲁国，孔子知道了这件事情，于是让自己的弟子也前往，跟随晏子虚心学习。

晏子到达鲁国之后非常礼貌地拜见了鲁国国君。子贡对此有些不满意，他想：“为什么人们都认为晏子是一个懂得礼仪的人呢？我就不这样认为，古礼上明明说过，‘登阶不历，堂上不趋，授玉不跪’，现在晏子做的事情和这句话完全相反，这实在无法让人认同，怎么可以说他熟知礼仪呢?”

晏子在和鲁国国君谈完国事之后，就来拜访孔子。在此之前子贡已经将自己的想法告诉了孔子，孔子就问晏子道：“先生，古礼规定，登上大殿台阶时应当依次而行，不可越级，因而在朝堂之上，我们切不可疾步而行，而在接受圭璋时不需要下跪。但是今日先生的行为完全和这种古礼相反，先生这样做不知为何?”

晏子听后哈哈大笑，然后说：“晏婴也研习古礼，知道在两楹之间，国君与臣子应当有各自固定的位置，如果国君走一步，那么臣子就应该走两步。今天，鲁国国君快速登上台阶，在下实在是怕来不及，于是只能越级而上了，我是不得已才在朝堂上疾走的。还有鲁国君主在授玉的时候姿势非常低，我怎么能不跪下来接受呢？要不然是对鲁国君主的不敬啊。君子为人处世，谨守大节很应该，但是在一些小细节上未必要较真。”

孔子听完这席话之后，非常敬佩晏子，他们又交谈了许久之后才将晏子送走。晏子走后，孔子立即召集自己的弟子，对他们说道：“礼，贵在因时制宜，不要照搬书本，像今天的这种事情估计也只有晏子这样深谙礼法的人才能够很好地处理。”

知礼恭谨，我们需要注意，但是不应该拘泥于小节。我们每个人在做事情的时候只要真心实意而不是流于表面，同样可以得到别人的敬佩和信服。晏子之所以能够声名远播，很大程度上和他的这种行事风格有关系。

弘一法师认为，做人应该以品德为重，而要想修养品德就需要端正态度，知礼而后恭谨待人，不管是对前辈还是平辈都应该如此。

《菜根谭》中说道：“文章做到极处，无有他奇，只是恰好；人品做到极处，无有他异，只是本然。”其中也主张以最朴素的本然开始修养品德，一个人的思想品格和言行举止都应该发自于内心。如果人们为了达到某种功利目的而规范言行，而刻意掩饰了自己的面目和内心，这样会扭曲自己的本性，其品德自然不被人们恭维。

只有内心真实散发出来的品德才能够绵延流长，这样的品德没有必要夸大，自然就能得到别人的尊敬。

惜福，习劳

于作事，必克己谨严，要做到极致。于生活，应戒绝奢华，一切从简。

——弘一法师

做人做事都应该放低身价多尝试劳动，如果无法做到这一点，很多事情就无法完成。其实每个人根本没有什么身价，无论物质条件还是权力都是些虚幻的光环，这些东西可以将人抬得很高，但是会摔得很疼。

当然，放低身价不只在于态度上，还体现在身体力行上，尤其是劳动。弘一法师在讲佛法的时候，一直在给人们讲解“习劳”的重要性。

这里讲的“习”是练习、“劳”是劳动。人有两只手和两只脚，这其实都是为了劳动而生，如果不将它们用在习劳上，不但有负于两只手和两只脚，而且对自己的身体也没有好处。也就是说，如果经常锻炼身体，多参加劳动，就能够让自己保持强健的体魄。

其实所有的人都需要劳动，在劳动的过程中我们不但能够强健体魄，而且还能够在劳动中领悟很多东西。接下来我们来看两个关于劳动的故事。

故事一：

一位王妃看到地面上不干净，于是就自己拿起扫帚扫了起来，很多婢女看到之后，都吓坏了，纷纷前来帮忙，但是王妃还是坚持要自己扫。最终在大家的努力下，不一会儿就扫得非常干净了，王妃感觉非常开心，对大家说：

“其实一起劳动非常快乐。”

故事二：

一位大王在外出的路上遇到了一个喝醉酒的男子，于是他和自己的随从一起将这个人抬到了一条小河边，帮他清洗干净之后才离开。

还有一次，这位大王看到自己的一个手下生病了，于是就问他说：“为什么你生病了却没有人来照料你?”那个手下说：“以前别人有病的时候，我总是很嫌弃，所以现在我生病了，没有人来照料我。”这位大王听完这段话后说：“既然别人不来照顾你，那就由我来照顾你吧。”说完就将这个手下的一些脏衣服拿去洗了，然后将他的床铺铺得非常平整。看到的人都很受感动，于是纷纷前来照顾这个人。

像这样的故事还有很多，通过这些故事我们可以看出一个人不管处于什么样的地位都应该参加劳动，而不要像现在的一些人，任何事情都不愿意做，只等着享福。

舍去虚假的荣名

世出世事，莫不成于慈忍，败于忿躁。故君子以慈育德，以忍养情。

——弘一法师

虚荣其实是一种表面上的荣誉，是一种虚假的荣名，是一种本身不存在的事情。我们只有舍弃了虚荣之心才能够看到事情的真相。

弘一法师总是劝告世人不要被眼前的东西所迷惑，看穿虚浮的东西，看到事物的本来面目。我们一起来看下面这个故事。

一天，有位私塾先生突然来了雅兴，于是召来他的弟子想要考一考他们的智商。他对他们说："在下雨的时候，有两个人在走路，为什么一个人没有淋湿呢?"

一个学生自作聪明地说："没有淋到雨的那个人肯定是穿雨衣的人。"

私塾先生听了他的话后，只是摇了摇头，什么都没有说。

紧接着另外一个学生说："我想这应该只是一次局部的雨，这种现象虽然不是很常见，但至少是有的。没有淋到雨的人正好是走在没有下雨的一边。"说完这些话之后，他非常自信地看着自己的老师。

私塾先生对这个答案还是只笑不语。

第三个弟子看到先生对第二个学生的话没有反应，于是表态说："你们的解释也太牵强了，其实道理很简单，那个没有淋到雨的人应该是走在屋檐下的。"说完之后，他扬扬得意地看着前面两位同学；同时也在等待着接受私塾先生的赞扬。

此时，私塾先生冲着自己的学生们笑了笑说：“你们都是非常聪明的孩子，也都发挥了自己的想象力，设想出一个人淋雨而一个人没有淋到雨的可能，但其实你们不妨想一想，我刚才说的‘一个人没有淋湿’，其实也可以理解为‘两个人都没有淋到雨’的意思啊！”

很多时候我们都将思维局限在了固定的模式中，总是喜欢纠结一些约定俗成的事情，认为这些都是无法改变的事实，但是这种循规蹈矩只能让自己无法超脱。其实很多时候只要放下心中不可逾越的“障碍”，换一个角度去思考问题，你会发现很多事情都不是自己想的那样。

人们总是不愿意舍弃自己原本的认识，所以就无法开悟。虚荣其实是一种表象，只有懂得付出才能够获得成功。

这是一个真实的故事。

曾经有一个小姑娘父母双亡，她和年迈的奶奶在一起生活，全家的经济来源只有靠奶奶每天捡拾废品。两个人相依为命，日子过得非常艰苦。

等小姑娘到了上学年龄，慢慢有了虚荣心，她特别不希望同学们知道自己的奶奶是个捡垃圾的，她为自己蒙上了一层帷幕，生怕有一天这层帷幕被别人掀开。但是事情还是发生了。

有一天，学校安排老师和几位同学家访，小姑娘早早支开了奶奶，然后一个人在家中等着老师和同学们的到来。老师和同学们来了之后，他们谈了很多关于学习和生活的事情，老师问到奶奶的时候，她只是说出去了，并没有告诉去了什么地方。

过了一会儿，老师和同学们起身告辞要到其他同学家去了，就在这个时候，他们在门外看到了奶奶。当时奶奶正拎着一大袋捡来的矿泉水瓶子，手中还拿着两个，老师和其他同学赶紧跟奶奶打招呼。

等老师和同学们走后，小姑娘跟奶奶大发脾气，她一直经营的“帷幕”被别人掀开了，她的虚荣心受不了。

后来很长一段时间小姑娘都不和奶奶说话，其实此时的奶奶已经身患重病，她想在生命的最后时光里，多为小姑娘赚一些钱。

就在奶奶最后倒在病床上的时候，小姑娘才知道自己做错了，她因为自己的虚荣心而伤害到了爱自己的人。在看透了虚荣之后，她懂得了什么才是爱。

其实生活中能够舍弃的东西就不要留恋，因为一个人的承载能力有限，在生活中不要被自己的贪念所累，该放弃的东西就放弃，这样自己才会有机会去追求更有价值的东西。

闲谈勿论他人非

说人过失，殊非所宜。

——弘一法师

“静坐常思己过，闲谈莫论人非。”当一个人独自静坐的时候，应该反省自己的过错；而和别人闲谈的时候，不要谈论别人的是非。

弘一法师对这句话非常认可，他不仅希望这句话能够为人们阐明一个深刻的道理，还希望人们能够将此用在为人处世上，因为这种高深的智慧只有用在了生活中才能够显示其价值。

有一年初春，某学校的老师带着学生们在春游。一个学生问老师：“现在很多人都变得很庸俗，他们很少做好事，哪怕为别人付出一点点就会说很长时间，我真的担心以后自己也会变成这样的人，而对他们这些人我非常看不起。”

老师听完学生的话之后，对他说：“这个世界上有很多人，每个人都不一样，我们不能要求每个人去做好事，更不能以我们的标准去要求别人。我们可以友善地对待别人，但是不能要求别人友善地对待我们。”学生们听完老师的这段话之后都沉默了很久。

也许有很多人会问，既然弘一法师提倡的是“闲谈莫论人非”，那当我们对身边的人有意见或者有想法的时候又该怎么做呢？其实这很好处理，只需要当面跟对方说就是了。我们来看看西汉时期汲黯的故事，通过它我们可以学到很多。

汉武帝的脾气非常不好，同时他又是一个好大喜功的人，所以很多臣子碍于权威都当面极力讨好他，背地里却免不了抱怨几句。但是汲黯不是这样的人，当他有什么意见的时候就会当面给汉武帝提出来，私下里却从来不去说汉武帝的是非，因为这个原因很多人都很尊敬他。

汉武帝时，汲黯官至右内史，列于九卿，属于权臣。汉武帝有一个习惯，经常会召集一些儒者一起谈论仁义道德的问题。对于汉武帝的这个习惯，很多臣子都在他的面前说他是仁义道德的典范，但是私下里却有很多其他的议论。汲黯对汉武帝的这个习惯也有一些意见，但是他每次都是当面给汉武帝提出来，从来不会背地里小声嘟囔。

在一次朝会的时候，汲黯对汉武帝说："你内心中充满了太多的不能满足的欲望，口头上却整天说着仁义道德，像你这个样子怎么可能像尧、舜、禹一样治理好天下?"汲黯的一番话让汉武帝无话可说，他的脸色都变了，在场的所有人都为汲黯捏了一把汗，幸好汉武帝没有说什么，等到下朝之后，汉武帝对自己身边的人说："我对汲黯这种憨厚样子真的怕了。"

有人责备汲黯不应该这样当面让汉武帝下不来台，他说："天子设置公卿大臣辅佐他治理天下，难道他希望自己的臣子都是唯唯诺诺的人吗？如果他的大臣只懂得阿谀奉承，那岂不是会将他引上错路吗？我们这些人工作必须尽职尽责，如果有什么话不当面说出来，只是在私下里议论，皇上怎么可能知道呢？如果我们做臣子的都这样明哲保身，国家会成为什么样子呢?"

喜欢在背后讨论别人的人，算不上君子，真正的君子不会这样做。无论是弘一法师，还是汲黯都是真正的君子。为人处世就应该努力做到“闲谈莫论人非”，如果对别人有意见或者有想法都应该委婉地当面提出来，这样做才是光明正大的做法，也能够换来内心的安宁。

满足于现在，就永无进步

气忌盛，心忌满，才忌露。

——弘一法师

一个人要懂得克制自己的脾气，脾气不能太过于旺盛；心志不容易满足，人们要不断丰富自己的心志，才情不能尽情显露，人们要尽量掩盖自己的才华。其他两个方面先不说，但就“心忌满”这一点，对于我们的生活就有很大的指导意义。弘一法师这句话其实是告诉人们不要过早满足于自己现有的成就，在达到了一定的目标之后，还要看是否有更大的目标需要我们去满足；如果我们在自己已经达到的目标上睡大觉，那么迟早会被时代所淘汰的。

其实过早满足就容易被时代所淘汰这个道理古人也很明白。所以很多人在取得了一定的成就之后，并没有甘于满足，而是向下一个目标进发。

苏家三父子——苏洵、苏轼、苏辙是北宋时期著名的文学家，他们被合称为“三苏”。

苏洵在27岁那年无意中翻阅一些书籍，他看到了谢安写的一篇关于古人爱惜时间、刻苦攻读的故事。他认真读完之后感觉非常有道理，而且文章写得很好，于是他反复阅读了好几次，每次阅读都有不同的收获。他感觉这篇文章简直是为自己写的，于是也发出了一些感慨，他想自己已经将近而立之年了，自己写的一些文章却都是平庸之作，而且没有什么建树。苏洵认为到了自己该努力的时候了，于是他开始发愤读书。经过一年多的学习他感觉自己在学业上有了很大的长进，于是匆匆忙忙参加了选拔秀才和进士的考试，结果双双落榜，但是苏洵并没有灰心，但是却不知道该从什么地方去努力。他将之前自己写的书稿统统抱出来，放在空地上，点了一把火，化为灰烬。他之所以这样做，就是为了表示自己的决心。焚烧完书稿之后，他变得轻松了，而且更加刻苦学习。

当时苏洵经常在家中闭门苦读，有时候会出门到四方拜师访友，一年来忙个不停，这样两个儿子的学习就要靠妻子来承担。

经过二十年的努力和奋斗，苏洵阅读了大量的书籍，不仅精通四书五经和诸子百家的学说，而且对古今成败之事都有自己的看法和见解拥有了渊博的知识和惊人的才智，他写的文章自然比之前要好很多。他创作了很多有价值的文章，受到了很多学者的倾慕，他自己也从中体会到了快乐。

后来，重视人才的欧阳修将苏洵的22篇文章推荐给朝廷。一时间朝廷上下震惊，京城内外的学者对此也是赞不绝口，并且纷纷效仿苏洵的文章写法。苏洵这位晚学成才的散文家一举成名。

苏洵之所以能够在“唐宋八大家”中占据一席地位，和他不断追求、不满足现状有很大的关系。假如当时他满足于自己现有的学识，而不知道努力钻研，他最多成为一个在当地有名气的人，绝对不会成为震惊朝野，甚至流传千古的大文豪。

我们也要像苏洵那样，不满足于现在的生活状态和目标。人生一世就算不追求功名和利禄，至少应该让自己的生活过得更好一些，所以任何时候我们都不应该停止奋斗的脚步，要不然总有一天会变得坐吃山空。

功高不盖主，居功不自傲

盖世功劳，当不得一个矜字。

——弘一法师

当我们成功处理一件事情并且立下了功劳之后，就会非常高兴，这是人之常情，但是一定不要以此为傲，要不然会给自己带来不必要的麻烦。如果人们不懂得这个道理，最终只能让自己吃亏。

总是有一些人在立下功劳之后就感觉自己了不起，不将别人放在眼里，殊不知这种情况隐藏着很大的危险。

南北朝时期的贺若敦和他的儿子贺若弼就因为居功自傲而引火上身，最终给自己带来了巨大的麻烦。

贺若敦是北周的大将，他认为自己的功劳已经非常高了，看到别人都升官了，而自己却没有升迁，于是心中非常不服气，口中也难免有一些抱怨之词。他总是想找个机会好好表现自己，以期得到升官晋爵的机会。

过了没多久，贺若敦奉调参加讨伐平湘洲战役，在打了几次胜仗之后，他得以凯旋。他认为这一次必定要受到封赏了，没有想到因为各种原因，他竟然被撤掉了原来的职务，贺若敦对这件事情非常不满意。晋公宇文护知道后非常生气，于是将他从中州刺史任上调回来，并且迫使他自杀。临死之前，他对自己的儿子贺若弼说：“我的志向是平定江南，为国效力，但是现在却无法实现，你一定要继承我的遗志。我是因为这根舌头乱说而丢了性命，你一定要记着我的教训啊。”说完之后，他拿出锥子狠狠刺了儿子的舌头，以此作为教训。

转眼间十几年过去了，贺若弼做了隋朝的右领大将军，虽然舌头上的记号还在，但是他没有记住父亲的教训，常常因为自己的功劳很高、官位较低而怨声不断，他一直认为自己起码可以做一个宰相。后来功劳不如他的杨素却做了尚书右仆射，而贺若弼还只是一个将军，没有得到任何提拔。贺若弼非常生气，经常会流露出不满的情绪。

后来贺若弼的不满言论传到了皇帝的耳朵里，他因此下了大狱。隋文帝杨坚批评他说：“你这个人有三大猛：忌妒心过猛；自以为是的心过猛；随口乱说、目无法纪的心过猛。”

因为贺若弼毕竟有过功劳，所以不久之后就被放了出来，但是他还不吸取教训，又跟他人夸耀自己和太子之间的关系，他说：“皇太子和我之间的关系非常密切，就算是朝廷里一些机密的事情他也会对我附耳相告。”

隋文帝知道贺若弼又在大放厥词之后，对他更加不满意了，于是将他召来说：“我现在用高颎和杨素为宰相，你就到处说这两个人只会吃饭而不会做事，你的意思是不是说我的眼光有问题，我这个皇帝也是废物啊?”贺若弼回答道：“高颎是我的老朋友，杨素是我舅舅的儿子，我对他们非常了解，所以知道他们不是做宰相的料。”因为他的这种性格将满朝文武得罪了个遍，因此很多大臣都向皇帝抱怨过。于是隋文帝又对他说：“大臣们现在对你都非常不满意，他们要求我严惩你，你自己想想还有什么活命的理由?”贺若弼辩解道：“我曾经凭借着陛下的神威，率八千兵渡长江活捉了陈叔宝，希望您能看在我以往功劳的份上，给我留一条活路。”过了一段时间之后，隋文帝认为他毕竟有功劳，就没有杀他，只是撤销了他的官职。

贺若敦父子二人都是因为居功自傲而心生怨恨，最终一个被杀、一个被免除了官职，之前的所有功劳没有了任何用处。所以我们需要记住不管我们的功劳有多么大，我们一定不要居功自傲，要不然只能自讨苦吃。

得意不忘形，乐极不生悲

事当快意处须转，言到快意时须住。

——弘一法师

我们在人生得意的时候一定要提防乐极生悲，而讲话得意的时候同样要防止言多必失。人生中出现得意的事情能够令人开心，但是弘一法师一再强调人们越是得意的时候就越要注意不要得意忘形，以免乐极生悲，不要让自己的快乐瞬间变成哀愁。

我国历史上有很多乐极生悲的例子，秦朝的灭亡无疑就是其中的典型事例。

秦始皇建立了秦朝之后非常得意，于是想好好享受一番。他看到当时的都城咸阳人很多，而先王的宫廷非常小，于是准备在渭水边的上林苑中建造宫殿，把前殿取名阿房宫。建成之后秦始皇和妃嫔媵嫱、王子皇孙宴饮作乐其中，可以说是非常快活，当时他们并没有意识到灾难正在一步步逼近他们。等到秦始皇离开了人世，他的儿子秦二世胡亥比起他的父亲更是有过之而无不及，他每天继续着以往歌舞升平的快乐生活，一点都不顾及百姓的死活，他的行为也不断导致社会矛盾的激化，秦王朝也最终在农民起义中灭亡。

人如果在高兴得意的时候无所顾忌，那么就很容易导致危险。我们只有冷静面对现实情况，不管是得意时还是失意时，都要保持一种冷静的心态，采取积极的态度和行为去预防可能发生的灾难，防患于未然，这才是长久之计。

贪爱容易迷惑心智

不为外物所动之谓静，不为外物所实之谓虚。

——弘一法师

贪爱会让人陷入见利忘义中，即便这个“利”只不过是蝇头小利。其实这些利益根本就不是我们追求的目标，只不过是沿途一些诱惑人的“风景”，所以我们不要在意这些，应该埋头赶路，不要因为一点点的贪爱之念而荒废了自己制定的远大目标。

在很久以前，人们还靠捕猎来维持生活，可是却没有很好的猎捕工具，经常捕不到猎物，因此条件极其艰苦。有个人冥思苦想了很久，想出了一个捕捉火鸡的方法，他把木头箱子制作成一个有进无出的陷阱，一旦火鸡钻了进去，只要把进口堵上，火鸡就很难逃出来了。

第二天，他就来树林里试验这个方法。他抓来一把玉米粒，从箱子外面一路撒下去，一直撒到箱子里面，然后他在箱子盖上系了一根绳子，自己攥着绳子的一端，远远地躲在一边，等着火鸡的到来。不一会儿，一群火鸡果然看到了玉米粒，便沿着玉米粒的路线欢快地啄食起来。很快，领头的3只火鸡钻进了箱子里，随后又接连钻进去5只，只剩下外面两只肥大的火鸡还没有钻进去了。那人耐心地等着，心想如果把这君火鸡都抓到了，一个礼拜都不用出来捕猎了。

当这人正异想天开的时候，率先进去的一只火鸡已经吃饱了，并且大摇大摇大摆地从箱子里面钻了出来。这人一看着了急，懊悔刚才为什么不拉下绳子，可他想外面还有两只呢，如果这两只都进去了，丢了那一只也就丢了，正想着，又有两只火鸡跑了出来。就在他还犹豫的时候，剩下的几只火鸡都跑了出来。

最后，这个人眼睁睁地看着那群火鸡心满意足地离去了，而箱子什么都没留下，包括他的玉米粒。

人为什么会生出迷惑之感呢？其实这只不过是贪念之心覆盖了真心，自己也在此中迷失了。迷惘和痛苦并不是可怕的事情，如果能够丢掉心中的欲念和虚妄，那么就可以重新找回自己。但是最担心的是明明丢失了自己却不知道悔改，这样只能让自己在错误里打转，永远都无法出来。

第五章

君子坦荡荡，小人长戚戚

——听李叔同讲处事

君子心存善德，小人心存邪恶

> 小人乐闻君子之过，君子耻闻小人之恶。此存心厚薄之分，故人品因之而别。
>
> ——弘一法师

弘一法师认为，所谓的小人特别喜欢打探君子的过错，但是君子却不愿意知道小人的过错，甚至以知道为耻。这其实就是在说明君子和小人之间的差别。一个人品质的划分跟这个人的胸襟、气度和心境有很大的关系。

“小人乐闻君子之过，君子耻闻小人之恶。”这句话在告诫人们，君子和小人的差距在于心境上的微小差别，而恰恰是这种微小的差别导致了他们行为上的巨大差异。所以每个人都要注重对自己内省修为的修炼，要不然自己所表现出来的就是小人的行为。

在我们的现实生活中遇到和我们相处不来的人很正常，不管是脾气的关系，还是见解方面的问题，总之双方之间会时不时有争执，都巴不得远离自己讨厌的人；但是对于自己喜欢的人则渴望亲近，遇到之后就会感觉心情舒畅。其实喜欢和讨厌与对方本身无关，之所以有不同的态度，根本上还是在于自己。有时候我们就是太在意自己的感受，所以渴望遇到的人都对自己好，可以帮助自己，也希望自己身边的人都能够按照自己的观念改变，依照自己的生活态度而生活。

但这又怎么可能呢？其实我们先要想一想，是不是自己的观点有错误，我们是不是应该先改变自己呢？

我们不妨回想一下我们平日的行为，想想是不是自己在心情舒畅的时候，感觉大多数人都对自己是友善和亲切的？而当我们自己心情烦躁的时候，就会感觉所有人都对自己有敌意，就算是平日里最亲近人的一句告诫，都会认为带着敌意？其实，只要内心充满着欢乐和自在，到什么地方都会感觉到快乐。

心中充满着清静和智慧的人，看到一草一物都能够悟出真理，对任何人的指导都会认为是中肯的建议，所以慈悲的人看到的永远都是慈悲。当我们开始懂得用智慧的眼睛去观察世界的时候，我们就变得豁达，从而步入君子的行列。

而小人恰恰缺乏这种智慧，他们对任何人都带着怀疑的态度，他们不愿意相信人性本善，他们总是担心自己有朝一日被别人陷害，他们也会担心在和别人交往的过程中失去什么。就像上文说的，他们喜欢打探君子的过错，之所以如此，要么是想用别人的过错来掩盖自己的罪行，要么就是内心的阴暗面在作祟。而君子就不会如此，他们不愿意知道小人们的过错，这主要是因为他们高尚的情操、他们善良的本性。君子对待世界上任何人都愿意付出信任，他们认为就算是有人做错了事情，那也不过是一时的贪念所致，他们终究会改变。君子永远心存善德，他们尊重和善待所有人。当君子听到别人犯下错误的时候，就会心生忧虑，他们自然就不愿意打探和听到这些事情了。

君子用自己的德行来守卫自己的纯净之心，他们也期望自己的行为能够感召别人，他们认为这是一种大功德、大善行。

眼里的世界，就是心中的世界

视人之善，犹己之善。视己之善，犹人之善。念念同观，亘古无间。法界偕游四德城，方满最初宏誓愿。

——弘一法师

如果我们让一口气留在心中而不知道抒发，长久郁闷，就会使我们丧失很多触手可及的幸福和辉煌。我们要学会不因为坏事情而发脾气，时刻保持一种乐观积极的心态。虽然我们没有办法改变我们生活的环境，但是我们可以改变自己对待事情的看法和态度。

心态其实是我们对待人生各种遭遇的态度和反应。好的心态能够帮助我们成功，相反，差的心态能够毁灭我们。虽然在生活和工作中我们无法让每件事情都顺心如意，但起码我们可以用积极的心态去对待每一件事情。

从前有一个脾气暴躁的渔夫，他每天的工作就是到离家不远的小河里捕鱼。

有一天这个渔夫刚将网撒进水中就听到了天上的雷声，紧接着倾盆大雨就下了起来，他看着自己刚刚撒下去的网以及空空的鱼篓非常生气，于是气愤地开始收网。但是不巧，渔网被水中的水草缠住了，不管他怎么抖动都没有办法将其收起来，于是他一气之下竟将网撕烂了，而的他也一不小心掉进了水中，变成了一个彻彻底底的“落汤鸡”。

很多人都会因为天气、周边的环境、周围的人而影响到自己的心情，而做出不理智的事情来。

曾经有一个年轻人到一个陌生的地方旅游，他在这里遇到了一个老人，于是就问这个老人："这个地方怎么样?"

那个老人没有回答，而是反问道："你认为你的家乡怎么样?"

年轻人回答说："我的家乡简直糟糕透了。"

老人于是说："那你还是赶紧离开吧，这里和你的家乡一样糟糕。"

过了几天又有一个年轻人来旅游，他同样碰到了这位老人，也问了老人同样的问题，老人同样反问道："你的家乡怎么样?"

这个年轻人说："我的家乡非常漂亮，我非常想念我的家乡……"

老人非常高兴地说："这个地方也非常好，和你的家乡一样。"

很多人听完这个故事之后感觉很诧异，他们不禁要问："为什么同样的一个问题，对不同的人回答则不同?"其实，很多人也来问这个老人为什么，这个老人回答说："你在寻找什么，你就会遇到什么。"

在不同的人眼里，世界会有所不同。其实世界还是那个世界，它并没有变化。如果你用欣赏的眼光去看，那你就可以看到很多美丽的景色；而如果你满腹怨气地看待这个世界，那么你就会发现这个世界一无是处。

古时候有一个秀才多次赶考都没有取得功名，这一次他又进京赶考，他住在一个熟悉的旅店里，而在住的两天里居然做了三个梦：第一个梦是他梦到自己在墙上种白菜；第二个梦是他梦到自己在雨中戴着斗笠打着伞前行；第三个梦是他梦到自己和自己心爱的表妹脱光了衣服躺在一起，但是他们却背靠着背。

秀才感觉这三个梦非常蹊跷，于是找来算命先生给他解梦。算命先生听完他这三个梦之后，就拍着大腿说：“你还是赶紧回家吧。你自己想想，高墙上种白菜那不就是白费劲吗？戴着斗笠还打着伞那不是多此一举吗？和表妹脱光了躺在床上却背靠着背，那不就是没戏吗？”

秀才听完之后感觉非常失望，于是他回到旅店开始收拾包袱准备回家。这个时候店老板看到秀才在收拾包袱感觉很奇怪，于是就问他说：“你不是要来考试吗？怎么现在还没有考就开始收拾包袱回家了？”秀才就把自己做的梦和解梦的事都讲给了店老板听，店老板笑着说：“我以前也跟从师父学过一些解梦，不妨我帮你解一解看。”秀才随口答应了，老板说：“我认为墙上种白菜的意思是你要高中了；戴着斗笠还打着伞那是有备无患的意思；和表妹脱光了却背靠着背不就是说明你现在就要翻身了吗？”

秀才听完之后感觉非常有道理，于是非常振奋地参加了考试，结果考中了探花。

在我们的生活中拥有积极心态的人就像是太阳，照到哪里都是一片光明；而消极的人在遇到问题的时候更多地选择了回避，最终导致了失败。不同的心态导致了不同的未来。

执着如水，顽石也能滴穿

视人之乐，犹己之乐。视己之乐，犹人之乐。所欲与共，忌妒永却。法界同欣法喜充，不向偏空寻略约。

——弘一法师

水滴石穿，绳锯木断。

骐骥一跃，不能千里；驽马十驾，功在不舍。

世上无难事，只怕有心人。

苟有恒，何必三更眠五更起；最无益，莫过一日曝十日寒。

上面这些格言其实都是在说明一个道理，那就是做任何事情都要认真坚持做，这样才能取得好结果。

孔子一生怀才不遇，只能四处奔波。一路上他跋山涉水，风餐露宿。这一天他来到楚国一个山清水秀的地方，因为天气非常炎热，加之孔子他们已经非常疲乏，于是他们在树林中歇息。

这时，孔子一行人看到一个伸手敏捷的驼背老人正在用竹竿捉蝉，他手一伸就是一只，感觉像变戏法一样，众人看得目瞪口呆。

孔子趁老人休息的时候走到老人面前，向老人请教捕蝉的方法，他说："一会儿的工夫您就抓了这么多，有什么特殊的诀窍吗？"

老人回答说："在我练捕蝉五六个月之后，我学着用竹竿头接运泥丸。刚开始的时候我只能接运两粒泥丸，我保持让它们不掉下去，经过这样的练习，我捕蝉时失手的次数就少了很多。后来我就开始逐渐增加泥丸的数量，等到我能运转五粒泥丸的时候，就达到了今天的境界。我现在可以操控我的自身，天地虽然很大，物品虽然很多，但是我心中只有蝉的翼，任何事情都不会干扰我捕蝉的心思，按照这样的做法，我怎么可能不捕捉到蝉呢？”

孔子于是回头对自己的弟子说：“看起来做任何事情都应该专一，只要不瞻前顾后，就能够像这位老伯一样，达到出神入化的境地。”

那位老人说：“你看起来很像一个儒者，你为什么要问这些事情呢？其实做事情只要专一、认真，很多事情都能够做成。”

另外还有一个故事，说的也是这个道理。

楚国曾经有一个非常著名的钓鱼能手叫詹何，据说他能够用一根蚕丝做成钓线，用芒草针作为钓钩，用小荆条或小竹条做钓竿，用半颗谷粒做诱饵，不论是在水流湍急的河中还是几百尺深的水潭里，都能够钓出很多鱼，而他的鱼竿却不会受到任何的损坏。

后来楚王听说了詹何的钓鱼技术，很想知道其中的奥妙，于是就将他召来，问他为什么能够拥有这样的本领？

詹何笑着说：“先父曾经给我讲过这样一个故事。曾经有一个叫蒲且子的人特别擅长射鸟，他用很弱小的弓，在箭上系很细的丝，趁着风势就能够将飞在高空中的大雕射下来。而他之所以能够达到这样的本领就是因为他做事认真、专一，再加上他敏捷的身手。于是我从这个故事中得到了启发，就专心钻研钓鱼的技巧，经过五年的磨炼终于练就了这个手艺。现在我去河边钓鱼的时候可以不想任何事情，任何事情也都无法打扰到我。”

楚王听完之后点点头说：“原来如此啊，如果我在治理楚国的时候能够引用这套道理，那么国土的管理就很容易了。”

詹何说：“是啊，这两者的道理其实一样。”

其实做任何事情只要把握好，专一地去处理，多加练习，就能做好。

当忍耐时刻则忍耐

冲繁地，顽钝人，拂逆时，纷杂事，此中最好养火。若决裂愤激，不但无益，而事卒以偾，人卒以怨，我卒以无成，是谓至愚。耐得过时，便有无限受用处。

——弘一法师

现在纷扰的世界会让人变得顽固、做事昏庸，但是这也是最好的休养生息的时候。做事情如果太过于愤世嫉俗，那么不但对事情没有什么好处，反而会多结怨仇，最终也无法做成事情，这其实是最愚蠢的做法。如果在关键的时刻懂得忍让，后面肯定会有很多好处。

弘一法师认为，当一个人遭遇了困难以及陷入困境中的时候，一定要记住“忍一时风平浪静”，要懂得冷静地控制自己的心态，在忍耐中可以看到事情的转机，可以寻求成功的可能。尤其是在一些关键时刻，人一定要有忍耐的能力，这样可以帮助自己渡过难关，为日后的发展留下一线生机。

我国古代的历史学家司马迁就是一个懂得忍耐、最终成就大事的人。如果他没有忍耐力，那么或许我们现在就看不到伟大的《史记》了。

司马迁，字子长，生活在西汉景帝、武帝时期。他的父亲是司马谈，当时是一个非常有学问的人，担任着掌管天文、历法和历史文献的太史令。司马谈在离开人世的时候希望司马迁能够完成一部通史，这是他的遗愿，司马迁自然答应了父亲的要求。

公元前104年，司马迁开始正式编著《史记》，这是一个浩大的工程，为了能够尽早完成这部书，司马迁没日没夜地工作，几乎拒绝了所有的应酬。

但是公元前99年，一场灾难从天而降，这就是著名的“李陵事件”。李陵是飞将军李广的孙子，也是一个能征善战的大将军，他在出兵讨伐匈奴的时候，长驱直入，结果遇到了匈奴的大军，因为寡不敌众，苦等不到援兵，于是投降了匈奴。这个消息一传到朝廷，立刻引发了“大地震”，很多人纷纷落井下石。司马迁当时深感不平，虽然他和李陵没有什么很深的交情，但是对李陵的为人一向敬佩，于是仗义执言，讲述了李陵这次抗击匈奴的功劳，声称大臣们不应该斥责李陵。结果司马迁的话惹来了汉武帝的大怒，他认为司马迁在称赞李陵的同时，是在贬低李广利，而李广利正好是汉武帝非常宠爱的李夫人的哥哥，于是他将司马迁关进了大狱之中，并且判了死刑。

按照当时汉朝的法令，死刑有两种方法可以减免：一种是用钱来赎罪，司马迁是一个小官，而且为人清贫自然没有这笔钱；另一种就是忍受宫刑，这种刑罚虽然可以免除一死，但在当时却是最残酷的刑罚，不仅是对人身体的摧残，也是对人格的一种极大侮辱。面对这种屈辱的现实，司马迁非常悲痛，曾想一死了之。

但是，此时司马迁想到了自己正在进行的《史记》，他想如果自己死了，那么谁来完成《史记》呢？他此时又想起了已经逝世的父亲的嘱托。在万般无奈之下，他选择了忍受宫刑这种方式保全自己的性命，他为的就是著述《史记》。

出狱之后的司马迁做了中书令，为皇帝掌管文书、起草诏令。他之所以做这个官职也是因为他无法离开皇家的图书馆。就这样他忍辱负重了八年时间，终于完成了《史记》这部伟大的巨著，而此时他已经是一个头发斑白的老人了。

可以这样说，正是因为司马迁的忍耐才有了伟大的《史记》。这个故事告诉我们，在关键的时候选择忍耐和坚强，可以创造伟大的辉煌。

为他人着想，惠及自身

临事需替别人想，论人先将自己想。

——弘一法师

遇到事情的时候还需要多考虑考虑别人，同样在议论别人的时候也要考虑一下自己是否做得好。

人们在遇到事情的时候总是会为自己着想，也正是因为这个原因，使得人们之间总是存在隔阂。弘一法师认为，人与人的相处最重要的是多替别人着想，假如大家都能这样做，人与人之间的关系就会变得融洽。

其实那些懂得为别人着想的人并不是为了赚取名声，而是一种很自然的行为，在他们眼里这些都是应该做的。

东汉时期的袁安官至司空、司徒，他在做官的时候是以严明著称的。除了这个原因之外，袁安还是一个处处为别人着想的人，留下了很多佳话。

有一年冬天非常冷，下了好几场雪，袁安当时还只是居住在洛阳的一介平民。有一天大雪从半夜就开始下了，时间不长就落了厚厚的一层，到天快亮的时候雪小了一些。按照当时人们的习惯在雪停之后都会去清扫自己门前的积雪，于是人们在天刚亮的时候就开始行动了。

这天早上，袁安也起得很早，准备去扫积雪。当他打开门的时候发现很多人在他家门口避寒。看着这些冻得瑟瑟发抖的人，袁安心里非常难过，他想：虽然自己日子过得不好，也没有什么钱，但是下雪天的时候起码还有一个屋子可以躲避；虽然现在自己无法给他们做一些吃的，但是起码可以让他们到自己家中暖和一会儿，于是他就放下了扫帚，让这些人都到他家中取暖。等到天大亮了，袁安家中取暖的人还是迟迟没有离开，所以袁安一直没有去扫雪。

这天洛阳的地方官出来视察，看清扫积雪的情况。地方官走在街上发现家家都很积极，唯有袁安家丝毫没有扫雪的迹象。地方官于是来到袁安的家中，那些取暖的人都非常害怕，纷纷逃跑了。

地方官看到袁安在家中非常生气，对他说："你为什么不出去扫雪呢？难道你不知道这样要接受处罚的吗？"袁安则回答说："大人，并不是我不去扫雪，您也看到了，我们家有很多取暖的人，如果我要出去扫雪的话，他们就不能在我们家取暖了。他们又冷又饿，我实在不忍心让他们走啊！"听完了袁安的一番话，地方官理解了他的行为，而袁安也没有因为这个原因而受到处罚。

人与人之间的关系都是相互的，如果你懂得为别人着想，那么别人自然就会愿意为你着想。假如做事情总是将自己放在前面，总是做一些损人利己的行为，那么时间久了就没有人愿意和你打交道了。不管是为了我们自己还是为了整个社会的和谐，我们都需要为别人着想。

当机会来敲门，不要错过

莲花种子，荣悴由人。时不相待，珍重！珍重！

——弘一法师

曾经有一个年轻人，在一次偶然的机会遇到了一位文学大师，他感到非常开心，和大师聊了很久。

文学大师也很喜欢这个年轻人，于是对他说："年轻人，从你的身上看到了当年的我，你将有机会出版属于自己的小说、取得举世瞩目的地位、同时也会得到财富。"

年轻人听到文学大师这样说非常高兴，他回到家后做任何事情都没有了兴趣，而将所有的时间都耗费在了等待这些预言实现上，但是他终其一生也没有实现这些预言。

在他年老的时候，他回想起当年那位文学大师的话非常生气，心想："这个文学大师真是气人，他当时说我可以出版属于自己的小说、可以取得显赫的地位、可以获得巨额的财富，但是现在我却什么都没有，我等了一生，这些都没有出现，这是为什么？"

此时身旁的妻子看懂了他的想法，然后对他说："老公啊，其实当年那个文学大师并没有给你许诺什么，他只是说你有发表小说、取得地位、获得财富的可能，其实我们的一生中遇到过好几次机会，只不过是你自己没有把握住这些机会，你让它们白白溜走了。"

他听完这些话之后，还是不明白，他说：“我遇到过这样的机会？我怎么感觉不到啊?”

于是，老伴和他一起回忆他的一生，老伴说道：“曾经有一次你想到了一个很有故事性的创意，但是你却没有将它付诸行动写出来，只是将这个好点子搁到脑后。”

这个人想了一会儿说：“好像是有这么一件事情。”

然后老伴继续说：“你因为害怕失败而没有去行动，所以你就这样轻易失去了你第一次达成愿望的机会。但是你的这个故事过了几年之后，又被另一个人想到了，他将这个故事写了出来，最后出版了自己的小说，成了一代作家，而且最后获得了显赫的地位。其实像这样的机会在我们的生活中出现过很多次了。”老伴继续说：“曾经有一次，我们家附近发生了火灾，当时有很多人家的房子都被烧毁了，也有很多人被困在大火里，那些人并没有死去。我们去帮助了他们，最后我们回来的时候累得一身汗，我们只是洗了个澡，然后就去做自己的事情了。而当时还有一个人也在现场，他将发生的这些事情全部都写了下来，最后他也成为了一个作家。这难道不是你的第二次机会吗？结果你还是将此错过了。”

听到老伴这样说，这个人略微感觉到自己的确有过这样的机会。

于是老伴继续帮他回想，她说：“你想，那场火灾我们帮助了那么多人，我们有亲身经历，如果能够将这些写出来的话，肯定会非常感人，但是你还是没有付诸行动，只是想了想，最后这个机会就这样被放过了。”

“当然还有第三次机会、第四次机会……”老伴对他说：“老公，我们的一生出现过很多次机会了，不要去怪那个文学大师了，他只是说你有成为一代文豪的可能，但是没有说他会帮助你成为文学家。你是在自己一次又一次的放弃中浪费了机会。”

这个人听完老伴的话之后，感觉非常有道理，自己也非常后悔。

老伴又对他说：“如果当时你稍微坚持一点点，稍微努力一点点，那么你就不会像现在这样了，你肯定能够完成属于自己的文学梦。那么我们的生活自然会过得非常有趣和快乐。”

其实我们生活中不断有机会来敲门，如果我们不懂得在这个时候打开门的话，甚至畏惧打开门，那么机会就会被我们拒之门外的。当然，机会总是为那些准备好的人亮着灯，如果我们自身的修养不够、准备不足的话，同样不会得到机会的眷顾。

我们来看几个人学生在演讲社团的故事。

赵大磊曾经和其他几个同学一起申请加入演讲社团，社团的社长接见并且准许了他们的申请。后来，赵大磊和其他人一起向社长请教，并且获得了一些演讲的技巧和知识，他们经常在教室里练习演讲。但是过了一段时间之后，除了赵大磊之外，其他同学都获得了演讲的资格，在演讲技巧上也有了精进。有一次他们一行人找到社团的社长，要对社长表示感谢，社长知道了他们的努力以及他们的演讲技巧都有不同程度的提高时，感觉非常开心。

赵大磊为了能够早日获得演讲的资格，于是决定天天去找社长讨教演讲的技巧。但是他非常懒惰，并没有勤奋于演讲的练习，因此一个月之后，他还是没有获得什么成果。

慢慢地，赵大磊感到社长和那些演讲技巧有长进的同学关系非常密切，他感觉自己被排斥在外了，心中非常后悔，但他还是无法改变懒惰的本性，依旧将大好的时间浪费在了没有意义的事情上。

社长看到这个情况之后，决定改变赵大磊的习性，他督促赵大磊不断练习。

赵大磊在大四快要毕业的时候，还是没有获得演讲的资格，他的演讲技巧也非常糟糕，在离别学校的时候，他非常懊恼地对社长说："我现在终于明白自己当时真的是太懒惰了。"社长对他说："赵大磊你现在才明白过来吗？一个人应该努力却没有努力，那么他就会浪费时间，自然就无法获得宝贵的知识了。当获得知识的机会摆在了你的面前，而你却不知道珍惜，现在才跑来努力，殊不知，你的机遇之门早就关闭了。"停了停他又对赵大磊说："不过现在也还不晚，只要你以后肯努力，在社会上同样可以学到很多知识，但关键是要改掉懒惰的毛病。"

平常不知道努力，没有做好面对成功的准备，那么当机会来临的时候自然就无法察觉，甚至可能在这种懒惰的过程中失去了机会。

关于这个道理，弘一法师曾经用莲花种子的成长过程来说明。

莲花的种子发芽不发芽、莲花开得繁盛还是衰败、莲花长大之后的命运如何，这些都是由人来决定的。如果错过了采摘的时机，就什么都得不到了，所以人们应该珍惜机会，将时机掌握在自己的手中，就是得到了天赐的良机。

一个人仅仅看到机遇是不够的，他还需要极力去抓住这个机遇，要通过努力来改变自己的命运，这样自己的人生才能够变得绚烂起来。当然这种人首先是具备了一定的能力，要不然他们也不会成功。

机遇非常珍贵，稍纵即逝，我们应该在平日里不断提高自己的德行和能力，时刻做好准备，然后审时度势，把握好机会，这样才能够获得成功。

强求他人，不如相助于人

又复当护人心，勿使夸嫌，动用自若，息世杂善。不贪名利，将过归己，捐弃伎能，惟求往生。

——弘一法师

些人总有强求之心，这其实是一种贪念。很多人都有这种障碍，其实这个时候更应该检讨自己，看看是不是自己做得有问题，才生出了这种强求之心。要知道世间很多事情都要随缘，不能勉强。

其实很多时候没有必要强求，只要懂得利用自己所拥有的智慧，那么就可以得到自己想得到的。

曾经在一个私塾中有一个只有7岁的小孩子，他是流浪儿，是私塾老师好心收留了他，还让他在这里读书，大家都叫他小毛孩。年龄大一些的学生都对他非常照顾，时常会帮助他做一些事情，时间久了，小毛孩就习惯了接受别人的帮助。

转眼四年过去了，小毛孩也长大了。

有一天，正好轮到小毛孩和另一位同学一起去担水，这些年来他们一直是搭档，这位同学因为年龄稍微长 些，所以对他非常照顾。现在小毛孩已经有足够的力气担水了，但是他不愿意帮助曾经帮助过他的这位同学，甚至还嫌弃他走得太慢了，在路上耽误了他的时间。

于是他找到老师说："老师，我现在不想和那位同学一起搭档了，他现在做事情越来越慢了，根本赶不上我的节奏，太耽误时间了，你还是给我换一个搭档吧。”

老师听完他的话之后，就问他说：“你刚来私塾的时候几岁?”

小毛孩说：“7岁的时候。”

老师说：“那个时候你能挑动水吗?”

小毛孩说：“挑不动。”

老师说：“那个时候你能搬得起桌椅吗?”

小毛孩说：“搬不动。”

老师说：“那时候你的工作是怎么完成的?”

小毛孩说：“当时是其他比我年纪大的同学帮我的。”

老师说：“当时他们可曾嫌弃过你、呵斥过你?”

小毛孩说：“没有。”

老师语重心长地说：“每个人都有‘有所不能’的时候，都有需要别人帮助的时候，也曾都帮助过别人。你想想再告诉我还需要换人吗?”

小毛孩羞愧地低下了头。

人人都有自己办不到的事情，都需要借助外力然后得以生存，只不过很多人没有意识到这一点罢了。

聪明的人能够借助别人的力量，能够从别人的帮助中汲取智慧，但是又可以很好地处理自己和对方的关系。如果我们能够发现并且借助别人的智慧，那么我们就成功一半了。试想，如果所有的同事和朋友都在你的身边帮助你，那么你的工作和生活肯定会变得非常得心应手。当然不仅仅是得到别人的帮助，还要时刻惦记着该如何去帮助别人，这样你才会得到别人的尊重。

宽心，如春阳一缕

严着此心以拒外诱，须如一团烈火，遇物即烧。宽着此心以待同群，须如一片春阳，无人不暖。

——弘一法师

在生活中，我们总是会遇到一些棘手的问题，面对这种情况我们该怎么办呢？越是难处理的事情，我们就越要放松；越是和不好相处的人在一起，就越要宽厚；越是遇到紧急、难以处理的事情时，越要有着不着急、不急躁的心态。只有这样我们才能够合理处理好突发情况和棘手问题，我们才可以取得良好的效果。

三国时期的卫瓘就是一个在危急时刻还能够保持一份平和心态，不急不躁，周密考虑问题，合理解决突发事件的人。他这样做不但保全了自己的性命，而且还剿灭了当时准备反叛朝廷的钟会。

三国末，魏国派出钟会和邓艾为主将、卫瓘为监军一起讨伐蜀国，取得了大胜。钟会和邓艾也因此而立下了功劳，但是两个人相互猜忌，都认为对方有抢功劳的嫌疑。后来，钟会向魏国告发邓艾有占据蜀国、自立为王的野心。这个时候，钟会的谋臣建议钟会借机除掉邓艾，并且一并除掉卫瓘，然后自己就可以在蜀中为王了，甚至可以成就一番霸业。于是钟会蠢蠢欲动，筹划着谋反。

其实，当时朝廷已经对钟会的反叛意图有所了解，并且秘密命令卫瓘监视钟会。而此时钟会认为如果自己向朝廷揭发邓艾，朝廷就会委派卫瓘去调查，只要等卫瓘掌握了邓艾的罪证，他就可以网罗卫瓘的罪证，这样一举就可以扳倒两个强大的对手。于是钟会找到了卫瓘，旁敲侧击地告诉他，邓艾的反叛是事实，如果卫瓘偏袒邓艾，那么就是同罪。此时，对朝廷的密令还不是很清楚的卫瓘终于明白了这一切其实都是钟会设下的圈套。

卫瓘看清了眼前的局势，虽然他知道此时擒杀邓艾肯定对自己不利，但是如果拒绝了钟会的要求，那么就会遭到钟会的毒手，他现在是左右为难。他想，倒不如先答应下来，保全自己性命的前提下然后揭发钟会的种种恶行。于是卫瓘假装对钟会唯唯诺诺，表示会服从朝廷的命令，并且当即和钟会约好明天一早就去捉拿邓艾父子。等到了第二天的早上，卫瓘带领着部队来到邓艾家中，下令，凡是能够悬崖勒马站在他一边的人，他就会给活路；而不愿意服从命令、执迷不悟地还要帮助邓艾的人，则和邓艾一个下场，被诛灭三族。这样，邓艾的手下纷纷脱离了邓艾，和卫瓘合兵一处，邓艾父子就这样被卫瓘的军队捉拿了。

钟会看到邓艾父子已经被卫瓘所囚禁，紧接着也将自己不信任的将领全都关起来，将兵权掌握在了自己的手中。接着他威逼卫瓘亲手杀死邓艾父子和那些不听话的将领。卫瓘一边假装答应了钟会的要求，一边借口最近几天操劳过度，身体情况很差，需要休养几天，等到他身体稍微好一些的时候再去处理这件事情。卫瓘想这样拖延着，然后再通知那些有实权的将领们钟会谋反的实情。不过，钟会对卫瓘监视得非常严密，丝毫没有机会通知那些将领。为了能让钟会放松警惕，卫瓘故意喝下了很多盐水，然后吐了好几天，使身体变得更加虚弱，看起来真的像得了一场大病一样。钟会虽然疑心卫瓘在拖延时间，但是看到他这种情况，也就放松了警惕，不再顾忌了。

卫瓘看到时机已经成熟，于是联络各个将领，将钟会谋反的事情宣布了出来，接着一起发兵围攻钟会，就这样钟会被卫瓘擒杀了。

在我们的生活和工作中会遇到很多无法预测的事情，当这些事情出现的时候，就是对我们的一次考验。卫瓘在遇到突发事件的时候丝毫没有急躁，而是让紧急的事情缓和下来，然后从中找到解决的办法，从而化解了危难。

其实我们在生活和工作中遇到这种事情的话，应该保持冷静，稳定好自己的情绪，保持一个清醒的头脑。有些时候拖延也是一种解决问题的办法，如果过于急躁，就会更加混乱，不但找不到解决问题的办法，反而生出更多错误，让事情变得更糟糕。

长虑远计，防患未然

将事而能弭，遇事而能救，既事而能挽，此之谓达权，此之谓才。未事而知来，始事而要终，定事而知变，此之谓长虑，此之谓识。

——弘一法师

《诗经》中有一首名为《鸱鸮》的诗歌，写的是一只雌鸟在失去自己的雏鸟之后，没有放弃生活，而是更加辛勤地筑巢，为自己将来的生活做准备。其中写道："迨天之未阴雨，彻彼桑土，绸缪牖户。今女下民，或敢侮予！"这就是在说，雌鸟要在还没有下雨的时候就筑好巢穴，用一些桑根缠紧了鸟巢的空隙，这样会让巢穴更加坚固，也就不会担心任何侵害了。

一只雌鸟尚且可以有防范危机的心态，那么人又该怎么做呢？

商朝末年，周武王灭掉了商纣，并且将管叔、蔡叔和霍叔分封在商都附近的郊野，他们的工作就是监视商朝的遗民，号为"三监"。等到周武王死后，年轻的周成王即位，因为他年纪尚小，所以只能由叔父周公来辅政，三监对这件事情非常不满意，他们为了泄愤，同时为了夺回权力，到处散播谣言说，周公会对周成王不利，会做出一些不好的事情来。

周公知道这件事情之后，为了躲避嫌疑，只好带着自己的家眷离开了京城，居住在洛邑。时隔不久，管叔、蔡叔和霍叔三人联合殷纣王的儿子武庚密谋造反。周公这个时候再次出山，接受周成王的号令，举兵东征，最后杀死了管叔和武庚等人，一举收服殷朝遗民。

在周公彻底平定了这场叛乱之后，他心有所感，于是写下了这首《鸱鸮》送给了成王。他借助雌鸟的行为来讽刺周成王，并且劝诫周成王应该有危机意识。

这个故事其实就是在告诉人们，做任何事情一定要为长远考虑，要懂得防患于未然。只有这样，当出现问题的时候才能够及时应对，才不会手忙脚乱。假如我们平常做事情就能够深谋远虑，那么任何意外就不能算作是“意外”了。

聪明的人具有理智，但是理智并不是一定要等到危难的时候才拿出来用。聪明的人懂得用自己的理智和智慧来预测未来，然后让自己在处理事情的时候变得更加稳妥和从容。

舍弃该舍弃的，得到该得到的

日常生活中要警惕，名利不是好东西，要舍弃。贪、嗔、痴害不了别人，只害自己。

——弘一法师

如果一个人背着一个行囊，他总是将这个行囊装得很满，那么他就会感觉很累。而如果一个人的一生背负了太多这样的行囊，他就会拖着疲惫的身躯走在人生的道路上，他什么都不愿意放弃，那么他最终会失去很多。其实很多时候，果断放弃才是最好的选择。

人们对于一些没有必要背负的东西早一天放下，就会早一天轻松、早一天自在。

曾经有一个旅友去哪里都喜欢独来独往，他不喜欢和别人结伴，就算是路途再遥远，事情再难处理，他都喜欢一个人去做。

有一次他在旅途中出了意外，不小心掉进了深谷中，就在这生命危急的时刻，他伸手抓住了深谷边上的一根枯藤，算是保住了自己的性命。但是这个人悬在半空中，上不得，下不得，危险随时都有可能发生。就在这危急时刻，他突然看到另一位旅友就站在不远的悬崖边上，于是他向对方求救，说："我亲爱的朋友啊，求您来救救我吧，我被困在这半山上快要掉下去了，以前可能我太过于孤僻了，但是现在还请帮助帮助我啊。"

那位旅友则微笑着说："我之所以来就是为了救你的，现在你只要听我的话，我就有办法救你上来。”

这个人说：“我亲爱的朋友啊，我完全听从你的安排。”

那位旅友于是对他说：“那么好，现在你就放开你的手。”

这个人听到之后吓了一跳，因为他想下面就是深不见底的万丈深渊，你让我放手，那岂不是要摔得粉身碎骨，他这不是在害我吗？他想到这里就说：“朋友啊，你还是想想其他办法吧，这怎么可以？”

那位旅友等了很久，看他仍执迷不悟，只好摇摇头离开了。

其实当时只不过是因为天太黑，这个人没有看清楚情况，其实他只是离地面几米而已，下面全都是厚厚的沙土。

其实，很多时候放手未必就代表着死亡。很多时候只有“舍”了，才能够“得”。

人的一生不能患得患失，鱼和熊掌不可能兼得。当你抓住一件事情不肯放手的时候，你或许会拥有这个东西；但是如果你愿意放手了，表面上看你失去了这个东西，而实际上你获得的会更多。如果任何事情都不肯放下，那么人生的道路会越走越窄。

休息好，才能工作好

物忌全胜，事忌全美，人忌全盛。

——弘一法师

我们只有懂得适当的休息，才能够得到快乐，不要总是忙忙碌碌，要让我们的生活有一个休息的时间。

比如我们有一双非常漂亮的鞋子，但是因为喜欢而天天穿，使得这双鞋不到半年的时间就磨坏了。而我们拿着这双鞋到鞋匠那里去补，鞋匠肯定会说：“这鞋子的确很不错，但是因为你天天穿，让鞋子的皮革和材质没有得到休息，那么鞋子的寿命自然就要大打折扣了。”

其实这和种庄稼一样，如果在同一块田地上年复一年地种相同的一种作物，那么这块地上的产量慢慢就会变得非常低了。

对于我们的健康来说，最重要的就是休息。土地需要经过一年时间的休息才能够发挥出最大的效益。而人也是一样，不能天天紧绷着，这样不益于自己的发展。我们需要遵循大自然的法则，只有休息好，才能够保持健康的身体、愉快的情绪，这样做事情才能够做得更好。很多人之所以能够做出惊人的成绩，并不是因为他们牺牲了休息，恰恰相反，他们非常重视休息，才拥有了健康的体魄和旺盛的精力，这些都是他们成就事业的基础和本钱。

如果不注意自己身体的休息，久而久之就积劳成疾，这样肯定会影响到工作，又怎么可能有一番作为呢？

张晓丽在一家很不错的私企工作，已经有5年时间了。一般情况下，每年都有7天的年假，但是最近的三年时间里，张晓丽因为工作忙的关系一直没有休息过。其实她也想休息，但是她的负责人说因为工作的压力比较大，所以他们部门暂时停止休年假。看到其他部门的人都在休年假，张晓丽心里就像猫抓一样。但是没有办法，因为她部门的人工资都相对较高，似乎没有年假成为了正常情况。其实张晓丽不休年假还有自己的原因，她想：我们销售部的竞争非常激烈，假如我去休几天的年假，等到回来说不定我的很多客户就成了别人的客户，我不愿意冒这个风险。

其实，在我们的现实生活中，和张晓丽一样情况的大有人在，迫于生活压力和公司制度，他们在繁忙的工作中无法得到休息，最终的结果只能是让自己累趴下，一旦进了医院，工作自然还是要丢下。

一些资深心理专家认为，职场中的人应该拥有一个优质的假期，这样可以帮助我们处理日常工作中无法处理的事情。这样我们就可以摆脱生活中消极的一面，能够主动面对生活。而此时就会发现无论生活还是工作都没有那么糟糕。

主动化解他人的欺侮

人之谤我也，与其能辩，不如能容。人之侮我也，与其能防，不如能化。

——弘一法师

当面对别人诽谤的时候，与其和他争辩，还不如宽容于他；而面对别人的欺侮时，与其极力防止，还不如主动化解。

在生活和工作中，我们可能要面对别人别有用心的欺侮，很多人面对这种情况的时候，都会表现得非常生气，甚至要以牙还牙以此来维护自己的尊严。但是这样不但不能解决问题，还会让双方的积怨加深。其实这种做法非常不理智。弘一法师用“人之侮我也，与其能防，不如能化”这句话来启示后人，教导我们面对别人的欺侮应该主动找办法化解，这样对双方都有好处。

东晋末年，索邈和家人从敦煌一路逃难到了汉川，终于居住了下来。当时汉川别驾姜显凭借着自己手中的权势极力欺压索邈，甚至经常羞辱他。但是索邈一直忍受，没有和他抗争，就这样索邈一家人在汉川居住了15年。到了晋安帝义熙九年（公元413年），索邈被任命为梁州刺史，镇守汉川。这个消息一传到汉川，那些欺负过索邈的人都非常惶恐，尤其是姜显。

姜显对家里人说：“我以前那么羞辱过索邈，现在他做了大官，我想我的命要保不住了。”姜显于是惶惶不可终日，非常担心索邈来报复他。

等到索邈上任的那天，姜显赤裸着上身，让别人捆住自己，然后在路边迎接索邈。索邈看到这一幕之后非常吃惊，慌忙下轿为姜显松绑，然后安慰他说：“过去的事情已经过去了，那些事情我们都不要放在心上。”说完之后，又让手下人拿来衣服递给姜显，非常温和地说：“现在穿上衣服吧，小心着凉。”

索邈对姜显曾经欺侮过他的事情丝毫不计较，而且对待姜显非常诚恳，丝毫没有虚情假意，真的就好像任何事情都没有发生一样。姜显则对自己以往的做法非常后悔，面对索邈的宽容，他追悔莫及。

其实，索邈并不是懦弱，相反，他的行为中蕴含着极大的智慧。他知道，如果他将姜显的事情放在心上，那么只能让自己的情绪变得非常糟糕，不但会让自己和姜显之间的关系紧张，甚至整个汉川都很有可能被他们搞得天翻地覆。他们两人同在汉川为官，和睦相处才是最重要的。面对姜显曾经欺负过他的事实，索邈选择了忘记，这其实是一种极高的智慧。

宋朝时的吕夷简和范仲淹同样有过化解矛盾的事例。

宋仁宗时期，吕夷简担任宰相，当时吕夷简和范仲淹在用人和施政方面有不同的见解，范仲淹曾经指出过吕夷简的短处。当时范仲淹向宋仁宗献了一幅“百官图”，在这幅图中他将官员的升调情况做了一个详细的分析，他说：“进退近臣，凡是超格的，不宜全部委于宰相一个人裁决。”同时范仲淹还指出：“汉成帝偏信张禹，不怀疑外戚舅家，所以才有新莽之祸。臣恐怕今日也有张禹，破坏陛下的家法。”

范仲淹的意思很明显，他认为今日的吕夷简就是当年的张禹，这种评价对于一向忠心耿耿的吕夷简来说无疑是一种莫大的羞辱。所以生性耿直的吕夷简听完之后非常生气，说：“你这是离间陛下君臣，所用的策略都是朋党之法。”因“朋党”一词也存在羞辱的意思，因此，两个人结下了怨仇。

但是难能可贵的是，吕夷简并没有全盘否定范仲淹，他知道范仲淹是一个德才兼备的智者，不仅如此，他还向宋仁宗推荐范仲淹说：“范仲淹其实是一个贤人，朝廷应该委以重任。”后来宋仁宗果然任命范仲淹为龙图阁学士、陕西经略安抚使。而吕夷简的长者风度也赢得了很多人的尊敬。

后来，在宋仁宗的撮合下，吕夷简和范仲淹冰释前嫌，当时范仲淹顿首泣谢，而吕夷简也检讨自己说：“夷简岂敢以旧事为怨呢？”就这样两个人消除了以往的成见，都尽心尽力为朝廷做事，成为了国家的栋梁之才。

当我们遭遇到别人的欺侮时，我们大可不必太在意，我们应该懂得放下，然后努力去寻找化解欺侮的办法，这样一来，对双方来说都是好事。

第六章

以仁义存心，以忍让接物

——听李叔同讲接物

君子存诚，克敬克念

诚信恭敬，实为超凡入圣，了生脱死之极妙秘诀。

——弘一法师

诚信是一个人人格的标志，从古至今人们都非常重视诚信的作用，一个有诚信的人能够得到别人的尊重，而这样的人也更容易获得朋友以及最后的成功。

在春秋时期，晋献公的儿子重耳一路逃亡最后到了楚国，楚成王接见了重耳，他认为日后重耳必定成一番气候，所以对他非常敬重，而重耳同样非常敬重成王，于是两个人成了很好的朋友。

有一天，楚王设宴招待重耳，两人喝酒聊天，气氛非常融洽。忽然楚王问重耳说："假如你以后回到晋国做了国君，你打算怎么报答我呢？"重耳稍微一思索说："我认为你不会看重美女侍从、珍宝丝绸，因为这些你都有；而珍禽羽毛、象牙兽皮你更不会在乎了，因为这些东西本来就是楚国的特产。晋国有什么好东西能够献给大王呢？"楚王则说："公子太谦虚了，话虽然这么说，但你终归要给我一些表示吧？"重耳笑着回答说："如果托您的福我能够回到晋国并且当政的话，那么我愿意和贵国永世修好。万一两国之间发生了战争，那么我会退避三舍，如果还不能解决问题，那么我才会和贵国交战。"

没想到，四年之后，重耳果真回到了晋国并且做了国君，他就是历史上著名的晋文公。晋文公励精图治，把晋国治理得井井有条，晋国也逐渐强大了起来。当时是战争年代，群雄四起，发生战争也是难免的事情。

公元前632年，晋国和楚国之间有了不可调和的矛盾，当时楚国已经非常强大，楚国的统军大将率兵直逼晋国。而在这个时候，晋文公居然下令后撤，晋国的一些士兵对此非常不解。

晋国大将狐偃对他们解释说："当年楚王曾经帮助过主公，主公当时就许下诺言，一旦两国发生战争，我们会退避三舍。如果我们失信于他们，那么就是我们理亏了。如果我们现在退兵了，他们还不肯罢休，那么就是他们理亏，到时候我们就可以和他们交手了。"

果然，晋国的军队一口气退了90里地，摆好了阵势。楚国的一些将领看到晋国军队后退，想起了当年的誓约，准备停止进攻，但是成得臣并不答应，他继续率领军队步步紧逼，一直追到了城濮。成得臣还派人给晋文公下战书，语气非常傲慢。晋文公则派人回答说："贵国对我的帮助我一直记着，所以我才退避三舍，一直退到了这里。现在你们还不肯罢休，那么我们只能在战场上相见了。"

成得臣是个骄傲自大的人，他完全没有将晋国军队看在眼里。在一场战斗中，晋国的军队故意后退，他们还在战车上绑上树枝，后退时就起了很大的尘土，给人感觉非常狼狈的样子。成得臣真的以为晋国军队败退了，所以肆无忌惮地追了上去，结果中了晋军的埋伏，晋军的精锐部队猛冲过来，将成得臣的军队拦腰截断，之前假装败退的晋军又回转过头来，然后一路厮杀，成得臣的军队藏都没有地方藏。此时晋文公下令只要将楚国的军队赶跑就是，成得臣也因此而留下了一条性命。

晋文公是一个极看重信用的人，他最后的成功和信用有很大的关系。我们应该时刻牢记“心不妄念，身不妄动，口不妄言”。

面对诽谤，不辩自明

何以息谤？曰：无辩。何以止怨？曰：不争。

——弘一法师

面对别人的诽谤最好的办法就是不要理睬、不要辩解；而面对别人的怨恨最好的办法就是不要争辩。

很多时候，面对别人的诽谤和怨恨，我们极力争辩会发现根本不会得到好效果，反而会让事情变得更糟。

弘一法师一贯强调“不辩自明”的道理，他始终强调不要为自己所受到的诽谤去辩解。

1936年12月，弘一法师由鼓浪屿日光岩寺移住厦门南普陀寺。有一天他在无意中看到了高胜进在厦门《星光日报》上为自己出了特刊，文章中对他的生平事迹做了一些介绍。弘一法师并没有说什么，到了晚上他才皱着眉头对自己的弟子说了一些发人深省的话，他说：“虽然他们是出于好意，但其实是对我的诽谤。古人说‘声名是诽谤的媒介’，现在估计我也无法在闽南容身了。”说完之后他沉默了一会儿，然后转了语气说：“如果别人对我们进行诽谤，切记不要着急辩解，我们在辩解的时候，其实受到的损失会更大。”

弘一法师还在日本的时候，为了要公演《黑奴吁天录》，曾读过美国南北战争的历史，在那里他看到解放黑奴的林肯曾经说过：“如果我要将报纸中对我的诽谤全部看完，那么我就没有时间和精力去处理该处理的事情了。我的这个办公室也就到关门的时候了。我认为是善良的事情，我就会做下去。如果一件事情的结果是对的，那么哪怕人人都说我的坏话，对我本身来说也没有什么损害；而如果我做的事情结果是错的，那么就算是有十个天使称赞我，也没有什么价值。”

还有一次，是在1937年晚春时期，弘一法师接受邀请到青岛，他将自己不辩解的理论讲给别人听。他讲道：人要是受到了诽谤，尽量不要去辩解，因为辩解得越厉害，会让诽谤变得更深。就好比有一张白纸，偶然沾染一些墨汁，如果你不去动它，那么他最终也就是那么一点墨汁，但如果你一直动来动去，那么最后墨汁四散开来，玷污的面积就会越来越大，最终弄得整张纸都是。

弘一法师的见解非常精辟，当然如果没有切身体验，这种见解是无从得来的。其实在生活和工作中遇到褒奖和贬低都是很正常的事情，我们对这些事情都不应该介怀。虽然这一点很难做到，但是时间久了，就会发现这种做法的确会有优势所在。

稳重，得以清净安宁

不近人情，举足尽是危机；不体物情，一生俱成梦境。

——弘一法师

曾经有一个知识渊博的师父开馆收了几个徒弟，他每天都非常认真地教徒弟们学习知识，并且教给他们做人的道理。

在师父出去的几天里，几个自认为聪明的徒弟对其他徒弟说："我们已经非常聪明了，一方面我们能够实践我们的想法，另一方面我们还非常博学，我们现在还可以想到很多事情，而且能够做到很多事情，我们的知识已经非常渊博了。我们现在就算是想要开馆收徒也是一件非常容易的事情，我们随时都可以取得巨大的成功。"

听到他们的这些话，那些本来很聪明，但是又很老实的徒弟们禁不住说："听起来你们果然知识非常渊博了，那么取得学业上的成功应该不是什么难事了。"

这一天，师父从外面回来了，这些徒弟们一起去拜师父，他们非常恭敬地坐在师父的身边。

师父看着他们，然后问他们说："徒弟们，我不在的这段时间里，你们有没有认真复习功课?"

这些徒弟们不约而同地说："通过最近一段时间的学习，我们已经取得了不错的成绩，我们的知识也得到了显著的进步。"

师父其实已经知道了徒弟们在自己不在的时候说的话，于是对他们说：

“徒弟们，你们是不是认为只要每天看几遍书就可以取得优异的成绩，就可以获得渊博的知识？你们是不是认为自己的知识已经非常足够了？现在可以高枕无忧，不用学习？其实你们的想法不正确。如果你们不懂得稳重做人，那么最终也得不到成功。”

弘一法师认为轻狂会导致我们的失败，我们应该塑造稳重的性格和品质，因为轻狂和自傲是阻碍我们通往安宁和清静的重要因素之一。

那么，到底什么是稳重呢？其实心态上的沉静、庄重和不轻浮是稳重的一种表现；做事情时的谨慎踏实也是稳重的表现；遇到事情能够周密思考、合理处置也是稳重的表现；对待别人能够以一种成熟的心态面对同样是稳重的表现……稳重的人能够让别人放心，能够获得别人的信赖，会让人感觉是可靠的人。

和轻狂比起来，稳重是一种大智慧，虽然有一些人认为稳重的人做事情有点迟缓，但是如果遇到事情不做充分的考虑，那么会导致最终的失败。虽然这种情况表面上看起来让事情的进展变得有点迟缓，但是总体来说会使事情很容易得到解决，犯错误的概率也会较小。一个态度轻狂的人遇到事情总会变得心浮气躁，会给别人留下思想肤浅、行为轻浮、处事不认真的印象。

如果一个人没有学会走路就开始学习跑步、没有把眼前的基本功夫打扎实就想着一跃升天，这样做会给自己留下很大的隐患，最终会导致自己犯错。

所以弘一法师一直拒绝轻狂，提倡做人应该稳重。如果一个人说话总是口出轻狂之言，那么最终会得不到别人的敬重。沉稳的人在做事情的时候非常有分寸，也就是我们经常说的“小心驶得万年船”，我们一旦具有了这种品质，自然就不会随便失败。

当处理一件事情的时候，我们要想清楚做这件事情有多大的必要性，已经有几种办法可以完成这件事情，甚至还要考虑清楚做这件事情的风险有多大，有几成成功的把握，失败了怎么办等等。面对一件事情思考得越清楚，那么失败的可能性就越小，成功的可能性就越大。这种做事情的风格其实就是稳重。

我们为自己设定一个目标，那么我们会不会内心急躁？如果急躁就需要自省，先找到自己急躁的原因，到底是害怕失败还是急着想要成功。当我们自省之后会发现自己可以冷静下来了，自然就不会急躁了。

如果一个人想要获得真正的安宁和清静，那么一定要培养自己稳重的性情，这一点非常重要。

以平和的心态，面对他人的错误

吕新吾云：愧之则小人可使为君子，激之则君子可使为小人。

——弘一法师

当我们看到别人有错误的时候，就要指出他的错误从而让他内心深处感到愧疚，如果这样做了，哪怕是小人也会变成君子。如果对于别人的错误采取过激的行为，那么就算是君子也很有可能变成小人。

对于犯了错误的人，很多人会选择呵斥的方法，将对方痛骂一顿，不给对方留一点颜面。其实这是最为极端的一种做法，指出别人的过错本来对别人来说是一件好事，但是你的行为让你的好心变成了歹意，犯错误的人不但不会感激你，反而会憎恨你。而且你这样做，他的错误肯定不会得到改正，甚至会让对方在错误中越陷越深。我们应该以一种平和的心态对待别人的错误，然后帮助别人改正错误。

宋朝时期的大文豪苏东坡接受过非常好的家庭教育。这些优越的条件为苏东坡之后的成才奠定了基础，起到了很大的作用。苏东坡在成年之后不但对诗词歌赋很有造诣，而且对绘画音律也很精通。

苏东坡曾经在湖州做了三年官，等到他回京城的时候，先去拜访了王安石。他去的时候王安石正在午休，苏东坡就在他的书房里等待。这个时候苏东坡在书房里看到了一幅没有完成的书稿，题目是《咏菊》，上面却只有两句："西风昨夜过园林，吹落黄花满地金。"苏东坡看到之后非常惊异，因为西风一般指秋风；而黄花则是菊花，菊花在深秋盛开，秋风又怎么能吹落呢？苏东坡想王安石满腹经纶，没有想到也有“智者千虑必有一失”的时候，他感觉非常遗憾，于是随即写下了两句：“秋花不比春花落，说于诗人仔细吟。”等写完之后，又在书房中等了一会儿王安石，但是王安石仍旧没有醒来，他就直接回去了。

等到王安石醒来之后，第一时间就想起了自己的《咏菊》还没有完成，于是他就到书房中，却看到自己的诗作下多了两句，仔细一看笔迹，就知道是苏东坡写的。他看完之后虽然认为苏东坡写得不错，但是总感觉他过于放肆，心想苏东坡没有做任何的调查就随意乱写，这种做事态度以后怎么可能担当重任？于是王安石决定借助这件事情教训一下他，让他悟出一些道理。王安石命人查看了现在所缺的官职，然后奏明皇上让苏东坡做了一个黄州团练副使。

苏东坡到黄州之后，因为他的官职实际上是一个虚职，所以整天没有事情做，于是经常和朋友们游山玩水，不想一年就这样过去了。有一段时间刮了好几天的大风，等到风息了之后，有一个友人来拜访苏东坡。苏东坡想起院子中的菊花开得正好，所以建议和朋友一起去赏菊。等到了院子里，苏东坡惊呆了，因为他看到菊花全部落了，满地都是金黄色，他这才明白了王安石的诗歌。

不久，苏东坡因为一些公事再次来到京城，他特意去拜访了王安石，见到王安石，苏东坡跪拜之后说：“学生在黄州已经目睹了秋落的黄花，才知道自己的知识还有待提高。从今天开始我一定会谦虚谨慎，再也不随意卖弄文采了。”王安石看到苏东坡已经明白了自己的用意，于是连忙扶起他。

教育人有很多种方式，怒斥是一种，但显然是最愚蠢的一种方法；滔滔不绝的说教也是一种，显然这一种也不会得到很好的效果。像王安石这样在不动声色中既教育了别人，又为别人保全了面子，可以说是最成功的教育了。他的这种教育方式以无声胜有声，受教育的人也会牢牢记住自己的错误，并且非常乐意接受对方的意见。

奉献便是快乐

真正的感情应该不是占有，而是一种奉献。

——弘一法师

很多人因为追求了错误的东西而痛苦。

曾经有三个人满脸惆怅地去找智者，希望智者能够教给他们如何活得快乐的方法。

智者知道他们三个人的来意之后，就说："那么你们先告诉我，你们活着的目的是什么？"

其中一个人说："我活着的目的就是为了等待死亡。"

另一个人说："我活着的目的是为了在老年的时候能看到我子孙满堂，能够享受这种天伦之乐。"

最后一个人说："我活着的目的是为了养活我的一家人。"

智者听了他们三个人的话之后，就笑着说："你们活着，有的人是因为害怕死亡，有的人是为了享受天伦之乐，有的人是出于自己的责任，其实你们对于生活都没有热情，你们对自己的生活没有理想。一个人如果失去了理想，自然就无法获得快乐了。"

三个人听完智者的话之后，都不知如何是好。

其中一个人说："那么，我们想请教智者，到底我们该如何获得真正的快乐呢？"

智者对他们说："你们想要得到快乐，那么你们先要告诉我，什么能够让你们快乐呢?"

于是，第一个人说："我认为只要有钱我就会感觉非常快乐。"

第二个人说："我认为有一份属于自己的甜蜜爱情是最快乐的事情。"

最后一个人说："我想获得很好的权力和地位，这样我会非常开心。"

智者听完他们的话之后，摇了摇头说："我现在明白你们为什么不快乐了。因为你们根本不理解快乐，你们不知道什么能够让你们快乐。你们追求的东西是错误的，所以你们不会得到快乐。如果你们拥有了刚才说的金钱、爱情、地位和权力之后，你们的烦恼又会出现，你们到那个时候还是无法快乐。"

三个人听完之后，都吓得不知所措，于是他们问道："那么，请告诉我们，我们该怎么办?"

智者对他们说："你们首先要改变自己的观念，有了金钱你们要懂得施舍，这样你们就会得到快乐；有了爱情，你们要懂得奉献，那么你们也会快乐；有了名誉、地位和权力，你们要想着为大众带来快乐，那么你们也会快乐。"

很多人之所以痛苦，就是因为他们没有领会活着的真正价值。真正的快乐来源于奉献、来源于为大众服务。

人们一旦想明白了这些道理，就可以找到自己活着的真正价值，自然会明白生命的真谛，从而获得真正的快乐。

不注意言辞，易招祸端

激之而不怒者，非有大量，必有深机。

——弘一法师

一个人如果面对别人严厉的言辞而不动怒，那么这个人要么心胸特别宽广，要么就是城府很深。当我们在使用过激的语言时需要慎重，如果我们遇到的是一个心胸宽广的人，那也就算了；如果我们遇到的是一个城府颇深的人，或许会给我们带来杀身之祸。

一位高僧带着弟子进城化缘，城里有个无赖叫王三，小时候念过几天书，肚子里没多少墨水，却仗着家里有点钱而横行乡里，见人就要挑衅。王三听说高僧的名头，便特地带了几个家丁，耀武扬威地拦住高僧的去路。

王三打量一番高僧，斜着眼睛说：“听说你是个得道高僧，地方上的要人都敬你三分，我看也不过如此，你真的像他们说的那样，什么都懂吗？”

“哪里，贫僧什么都不懂。”高僧不动声色地回答。

王三带着家丁大肆嘲笑了高僧一番，才让他继续赶路。从那以后，王三经常在城里宣扬高僧不过浪得虚名，弟子们听了不禁为师父叫屈，高僧却说：“王三为人轻狂，若跟他争辩，他肯定不服，还要胡搅蛮缠。何必做这种徒劳无益的事呢？”

一年后，高僧仍是众口称赞的高僧，王三仍是横行街里的无赖，而且名声越来越坏。弟子们这才明白师父为何退让，这退让里包含了多少为人处事的智慧。

每个人都有七情六欲，在遇到外界不友好的刺激时，很容易发火和发怒，这是人的一种自我保护本能和心理反应。但是我们在使用言辞的时候一定要注意，如果把握不好分寸，很容易为自己招到敌人。

以德报怨，收获坦然和宁静

待人，当于有过中求无过，非但存厚，亦且解怨。

——弘一法师

我们来看古时候一位王妃的故事。

古时候有一个国王有一个非常漂亮的王妃。这个王妃还是孩子的时候，有一次看到她的父亲从外边请来了一个食客，这个食客在他们家里一住就是两个月。虽然食客得到了包括她父亲在内所有人的尊敬，但是看着每天白吃白喝的食客，还是孩子的王妃心中渐生恶感。于是她找来自己的丫鬟，让她花钱从村中雇来几个流氓，让他们每天都等在这个食客必经的地方，然后大声咒骂他。过了不久，食客受不了这帮流氓的诋毁，决定离开这个村庄。后来当年那个小姑娘被选中做了王妃，而且很快成为了国王最宠爱的妃子之一。

后来，那个食客来了都城，王妃知道这件事情后，决定再次雇用几个流氓去诋毁他，并且吩咐流氓说：“从你们看到食客进城开始，你们就跟着他，然后在后面不断用污秽的言语去辱骂他。”这几个流氓接受了吩咐之后，就等着食客到来，一看到食客进城就开始跟在他的后面辱骂他。

食客身边跟着他的徒弟，他的徒弟忍不住想要和那些人理论，并要生气地离开京城。

但是这位食客却语气非常平和地说：“徒弟啊，就算是我们去了其他的城市，也有可能受到别人的侮辱，我们为什么要躲避呢？既然事情已经发生了，那么就应该想办法去接受。现在我们就好比是战场上的大象，我们需要承受来自各个方向的弓箭。我们还不如坦然地接受这些人的辱骂。”

我们没有办法改变别人，但是我们可以及时调适自己的心态和情绪。世界上难免会有辱骂我们的人，因为我们肯定有过失。此时我们不应该像他们一样，而应该尽量客观地去看待一切事情，然后试着从自己身上找到优点，从而肯定自己；同样从对方身上找到优点，然后积极肯定对方。

人最可贵的品质不是看到别人的过失，而是能够看到别人做的正确的事情。

当别人做错事情的时候，我们应该试着从他的错误中找到正确的，其实这并不是很困难，只要我们能够保持一颗公平正直的心，只要我们懂得善待和欣赏别人，不要带着偏见去看待别人，那么我们的心态就会摆正了。

努力看到别人的智慧，这有益于我们正确判断一个人，积极了解对方的心态和动机，这样有助于我们做出正确的选择。不管别人的行为是否损害了我们的利益，或者得罪了我们，我们都不应该以报复的心态去看待这件事情。

对待别人刻薄，其实就是对自己刻薄，我们只要始终保持一份尊重他人的心态，那么我们就可以获得足够的空间，对我们的人生会有很大帮助。以德报怨并不会使我们吃亏，相反，我们会在这个过程中获得坦然和安静。

舍得宽容，得到大气

心志要苦，意趣要乐，气度要宏，言动要谨。

——弘一法师

以宽恕自己的心态去对待别人，那么人们之间的交情就会变得深厚；而如果以责备他人的心态来责备自己，则能使自己少犯错误。

很多人都有这样的经历，同样的一件事情如果是自己做了，那么就会放宽要求，而如果是别人做了，则会要求很严格。其实他们这样做的最终结果就是让别人远离自己。要解决这种问题，我们不妨学学弘一法师，能够宽恕别人、严格要求自己，这样我们会获得越来越多的朋友，我们在遇到事情的时候，也就会有人来帮忙了。

接下来我们一起看看关于楚庄王和子产的故事。

子产复姓公孙，名侨，是春秋时期郑国卓越的政治家。子产出生于郑国的贵族家庭，但是他从来没有贵族的骄奢之性情，对人特别宽厚，百姓都很喜欢他。

有一天，从晋国来了一个人，他找到子产说："丰卷曾经对抗过你，而且还攻打过你们家，现在他逃亡到了晋国，一直在过着流亡的生活，其实他对自己以前的做法知道错了，他想回到自己的国家，但是他又怕你不答应。"子产说："丰卷应该了解我，我是一个嫌朋友少的人，如果丰卷能够将我当作朋友，那么我会很开心的。”过了一段时间，丰卷回到了郑国，子产非常热情地接待了他，并且还给了他很高的官职。

子产因为这种做事的胸襟而得到了更多人的尊敬，人们都认为他的胸襟可以和管仲相提并论。

通过上面的故事我们可以看出，只有宽恕了别人，我们才能够获得别人的爱戴，也才能赢得别人的尊重。而且当你宽容了一个人的时候，其他的人也能够看到，慢慢地大家都会喜欢和你在一起。这样一来，你身边的朋友就会越来越多，一旦你有什么需要，朋友们都会站出来为你帮忙。

1912年秋，李叔同到杭州浙江第一师范学校教书，当时他教授的课程是图画和音乐两个科目，在当时很多学生都会忽视了这两门课程的学习。但是在李叔同任教之后，这两门课不同程度地得到了学生们的欢迎，当时几乎所有在校学生的注意力都被吸引到了这两门课上。这在很大程度上是因为李叔同具有很强的感染力，而且他对所有的学生都非常和蔼。能在一个知识丰富又和蔼的老师那里学到知识，自然受到很多学生的欢迎。

曾经有一个学生讲到，在上李叔同的音乐课时，感觉非常轻松和新鲜。每次响起预备铃之后，学生们陆续走进教室，会发现李叔同先生早已坐在了那里。每次那些还以为老师没有到的学生都会悄悄坐到自己的座位上，感觉不好意思。当时的李叔同高而且瘦削，穿着非常整洁的黑布马褂，总是一副威严而和蔼的表情，等到上课铃声响起的时候，他会站起来给学生深鞠一躬，然后才开始授课。

有的时候，一些学生在李叔同的音乐课上不认真唱歌，而是看其他的书。李叔同并不会说什么，下课之后他会非常郑重地说："××同学，你稍微留一下。"等其他学生都出去之后，李叔同就会对这个学生说："下次上课的时候不要看其他书了。"他说这句话的时候会非常和蔼。说完这句话之后，他会微微鞠躬，然后示意让对方出去。而此时这个学生虽然没有挨骂，但是会感觉非常难受，整个脸庞都是通红的。

一次下课了之后，最后出去的一个学生，不小心将门关得重了一点，发出了很大的声音。这个时候李叔同出来，满面和气地将他叫住，然后让他回到教室，之后，李叔同会非常温和地说："下一次出进教室的时候一定要轻轻关门。"说完之后还是微微鞠躬，然后让这个学生离开。

还有一次，是一节钢琴课。学生们被分为好几个小组，然后分批来李叔同身旁观看其演奏钢琴。其中一组学生在观看的时候，其中一个学生放了一个屁，虽然没有声音，但是味道非常不好闻，很多学生都用手捂住了鼻子，李叔同则只是微微皱了一下眉头，然后继续弹奏。等到下课的时候，学生们还没有出去，他说："同学们，以后有情况的话，一定要到外边去，不要在室内。"然后还是给学生们鞠了一躬。

其实，李叔同在生活中的任何时刻都是和蔼可亲的，从来不会声色俱厉地指责别人。也正是因为这个原因，学生们在上他的课时，都会非常认真，都想从中学到知识。他们的行为就是对这位老师最好的答复。

李叔同在生活中就是一个用宽容的心对待所有人的人，他会让别人感受到犹如春天一般的温暖，所以他得到了同学们的支持和爱戴，同时也得到了更多人的喜欢和尊敬。

大多数人之间并没有什么深仇大恨，所以对于一些小事情没有必要在意，我们应该像弘一法师一样，以宽容的心态来对待别人，这样我们的人生之路就会越走越宽，会得到更多人的尊敬。

不知，则不痛

无心者公，无我者明。以淡字交友，以聋字止谤；以刻字责己，以弱字御侮。

——弘一法师

知道太多的东西，反而会让自己有太多的痛苦；一旦不知道具体情况，反而可以让自己远离痛苦。所以对于那些我们没有必要了解的秘密和东西最好不要去了解。

我们来看这样一个故事。

曾经在一所医院出现了这样一件奇怪的事情。当时一个自己号称患了肿瘤的病人被推到了医院。等到接受检查的时候，医生们发现她并没有得什么肿瘤，但是等她离开医院之后，她又说自己有了肿瘤。后来经过调查才知道，这个人有好几个亲戚都得了肿瘤，因为和这些得了肿瘤的亲戚经常在一起，慢慢地她也就认为自己得了肿瘤。

后来医生和她的家属想了一个办法：医生将她送进了手术室，对她施了麻醉，然后在她的腹部绑上了好几层绷带。等她苏醒之后，医生就对她说，已经对她实施了一次非常成功的手术，现在她需要继续绑着这个绷带几天，然后就没有任何事情了。她相信了医生的话，然后绑着绷带过了几天，之后她便不认为自己有肿瘤了。

很多时候，人并没有生病，而是人的意识生了病。在这种时候就需要更强大的意识来治疗自身，尤其是要给人足够的信心。

每个人都有必要去阅读一些关于人类意识方面的书籍，并且学习一些能够发挥人们意志力方面的知识，这样我们就可以时刻保持健康和快乐。

曾经有一个老人患病住院，当时他的病情非常严重，需要尽快进行手术。

手术非常成功，之后很多人对他表示了慰问。有人问他说："伤口还痛不痛?"老人说："一点都不疼。"要知道手上随便割开一个小口子都很疼，更何况老人动了这么大的手术，难道真的不疼吗？老人对别人的质疑回答说："不管怎么说，疼的时候我不知道，我并不知道他们是怎么打开我的身体的，我只是知道现在我的身体已经被缝合了，所以我不知道我疼过。"

人世间就是有很多事情，因为你不知道，所以感觉不到痛苦。

而同样世界上有很多痛苦和烦恼就是因为自己知道而产生的。比如说，我们在路上见到一个仇人，看到之后就感觉到了愤怒，然后往往会留下痛苦的回忆；或者我们听到了一句诽谤的话而感觉到非常痛苦……假如这些我们都不知道，那么我们就不会感觉不痛快了。

容忍生活中的不如意

人生多艰，不如意事常八九，吾人于此当镇定精神，胸中必另有一番境界。

——弘一法师

在我们的生活和工作中总是会遇到一些不如意的事情，如果每件事情我们都要深究，都要讲究一个公平合理，或者每件事情都希望得到别人的帮助，在我们失意的时候希望得到别人的帮助，在我们得意的时候希望得到别人的肯定，这几乎不可能。弘一法师教导我们，在遇到生活中的不如意时，我们没有必要和自己过不去，很多事情并不是别人给我们刻意制造麻烦，而是我们不懂得审视生活，不懂得换个角度看待问题，也很有可能是因为我们不舍得给予宽容。

宋代大诗人苏轼说："人有悲欢离合，月有阴晴圆缺，此事古难全。"苏东坡虽然有他的悲哀，但是他能够看开，他将世间的悲欢离合看作是月亮的阴晴圆缺，是一种自然的、永恒不变的真理。

曾经有一位哲学家，当他还是独身的时候，他和几个朋友住在一间小屋里，虽然他们的生活过得很窘迫，但是他们每天都非常开心。

有人问这个哲学家说："那么多人挤在一起，每天房间里的味道都很难闻，你们有什么开心的？"

这位哲学家说："这么多朋友在一起，我们随时都可以探讨问题和交流感情，这有什么不好的呢?”

过了几年之后，所有的朋友都成家了，大家陆续从这个房间里搬了出去，后来只剩下了哲学家一个人，但是他每天还是过得很开心。

那个人又问他说：“现在只有你一个人了，孤孤单单的有什么可开心的?”

哲学家则说：“我现在有很多书，一本书就是一个朋友、一个老师，和这么多的朋友、老师在一起，我随时都可以向他们请教问题，难道不值得开心吗?”

又过了几年时间，这个哲学家也成家了，他搬进了一栋七层的大楼，但是他们家却在最底层，是环境最差的一间，上面住的人总是将一些脏东西丢下来，但是哲学家还是一副很开心的样子。有人就好奇地问他：“你的房间条件这么差，为什么还这么开心呢?”

“其实你不知道，住在一楼有很多好处，比如进门就是家，我不必去爬那么高的楼梯；搬东西的时候更是方便，不用那么累；朋友来了也方便，如果找不到了也不用到处打听……尤其让我满意的是，住在一楼可以养一些花花草草，这些乐趣真的是数不尽，你们都不知道而已。”哲学家这样回答道。

后来，有人碰到了哲学家的学生，于是就问学生说：“你们的老师整天都是开开心心的，但是我总是感觉他所处的环境并不是很好。”

没想到，哲学家的学生笑着说：“决定一个人快乐与否，并不是因为他所处的环境，而是在于他的心境。这些都是老师教我们的。”

很多人因为生活的环境或者工作的状况而抱怨不停，但是生活还是生活、工作还是工作，绝对不会因为人们的抱怨而改变。其实很多事情要看我们是以怎样的心态来对待。

如果我们无法容忍生活中的不如意，那么生活就会离我们而去。所以我们要看清身边的不如意，就像那位哲学家一样，每当面对不如意的时候可以以一种积极的心态去面对。在现代社会中生活和工作，我们需要以一种宽容的心态来对待身边的人和事。很多时候我们要知道上天是公平的，我们要尝试着接受它给予我们的一切。

盛喜中，勿许人物

盛喜中勿许人物，盛怒中勿答人书。

——弘一法师

当自己感觉到高兴的时候，不要轻易去答应别人的要求，以免草率答应了自己无法做到的事情；而在我们极度生气的时候，就不要轻易说话，以免自己的情绪带到话语中，从而得罪了别人。

每个人都很有可能面对极度欢喜和极度生气这两种极端的情绪。在这两种情况下，人们都会失去冷静，会胡乱答应一些事情，等到情绪平息了之后，就后悔莫及了。所以弘一法师摘抄了上面的话，以此来告诫人们。

其实我们在非常开心的时候，会许诺给别人一些自己无法做到的事情，一旦最终无法兑现，那么给我们带来的麻烦就会不小。

郭冬临曾演过一个小品叫《有事儿您说话》，讲的就是一个人本来在火车站没有什么熟人，但是为了显示自己很有本事，所以总是答应别人在火车站买票，结果很多朋友、同事甚至领导都来求他帮忙，他则是有求必应，又因为自己实际上在火车站没有什么熟人，所以只能连夜去排队买票。后来来请他帮忙的人越来越多，事情已经远远超出了他的能力范围，所以他只能自己贴钱去买高价票。虽然后来他帮别人买票已是出于一种无奈，但是在刚开始的时候一方面是为了显示自己很有能耐，另一方面也是因为自己在开心的时候不小心随意答应了别人，结果导致事情无法收拾。

为了避免我们答应了别人而无法完成的尴尬，我们在答应别人的时候就需要非常谨慎，一定要考虑清楚自己答应的事情是不是能够办到，如果你认为这件事情自己无法完成，就不要答应，哪怕当时自己的情绪非常高涨。在没有答应别人的请求的时候，我们可以找到各种借口来推脱，但是一旦答应了别人就不能找借口推脱了。如果事情办成了别人会抱着一种感激的心态；而如果没有办成，别人则会认为你打肿脸充胖子，根本办不了这件事情，最终只能破坏两个人的关系。

总而言之，如果我们要答应别人的请求，那么一定要在自己头脑清醒的情况下，对别人的请求有了非常充分的考虑，然后再去决定是否答应对方。要不然只能让自己陷入两难的境地，而且会影响到两个人的感情。

想成就一番事业，就不要多疑

足恭伪态，礼之贼也。苛察歧疑，智之贼也。

——弘一法师

谦虚是一件好事，但是过分谦虚就会给人矫揉造作的感觉，这是礼仪中的大忌；同样过于敏感和多疑，也是智慧的大忌。

一个在礼仪中过于矫揉造作的人会给人留下虚伪的感觉，如果这个人又是一个多疑的人，那么情况就会更加糟糕，这些问题会让这个人无法正常发挥自己的聪明和才学，从而直接影响自己的未来发展。

那些多疑的人总是以怀疑的眼光看待周围的人和事，他们不会和别人推心置腹，这样的人又怎么可能成就一番事业呢？

崇祯帝朱由检是明光宗朱常洛的第五个儿子。天启七年（公元1627年），朱由检的兄长明熹宗朱由校病死，于是他继承了皇位，也就是历史上的明思宗，当时的朱由检只有17岁。

明思宗即位之后非常想有一番作为，于是他处死了祸国殃民的大太监魏忠贤，还杀死了淫乱朝纲的客氏，但是毕竟势单力薄，根本无法扭转清兵叩关、李闯王起义、中原动乱等引起的明王朝的衰落，最终他还是成为了明朝的亡国之君。

其实，明思宗之所以落得亡国的下场，一方面和当时已经名存实亡的明朝有关系，另一方面和他本人多疑的性格也有很大关系。

虽然，明思宗在即位之初，展现出了他的敢作敢为，但是面对当时比较复杂的局势，他实在想不出更好的治国治民的策略，而且他对当时所有的大臣都心存戒心，这种戒心让他和大臣之间无法很好沟通。

当时的大将袁崇焕，是一个不可多得的将才。袁崇焕足智多谋，曾经奉命出兵辽东，一举打败金兵，甚至还射伤了金主努尔哈赤，使其不治而亡；之后还给了皇太极沉重的打击。

明思宗虽然知道袁崇焕是一个能将，但是对他始终保持着戒心。袁崇焕还是兵部尚书、总管辽东事务的时候，就成为了后金最大的威胁。当时皇太极想要进攻中原，但是看了袁崇焕的防守之后，只能绕过其防区去攻打其他的地方，后来皇太极攻打了京城，袁崇焕带着自己的队伍来救援。

袁崇焕的部队到达京城之后，改变了京城脆弱的防守状况，反而让对方处于不利地位，但是当时京城有谣言说："袁崇焕想要引敌协和，并且会和后金制订城下之盟。"明思宗听到这个消息之后非常担心，对袁崇焕的疑心加重了，于是皇太极利用他的这种疑心，施展借刀杀人的计策。皇太极编造自己和袁崇焕有密谋，而且故意让被他们俘虏的宦官听到，然后又故意让他逃脱，将这件事情报告给明思宗。明思宗不问清楚事情的情况，就将袁崇焕关进了大牢，后来还处死了他。

明思宗总共在位17年，朝廷中的阁臣、尚书要员有如走马灯一般，三天两头就要更换。史书中统计说：在这期间，先后有50余人担任过阁臣、13人担任过吏部尚书、17人担任过兵部尚书、17人担任过刑部尚书。而因为明思宗的多疑和猜忌，这些大臣的下场都很悲惨，他们中大多数人都被关入牢狱或斩杀，只有部分被免职。其中总督就被诛杀了11人，而他诛杀的巡抚也有10人之多。这不仅仅在明朝，就算是在中国五千年的历史中都是极为罕见的。

当时明朝的矛盾不断激化，农民们纷纷起义，最后李自成和张献忠带领的起义军攻打了京城，明朝的军队无法抵抗，很多人都投靠了义军，内阁更是逃跑得没有剩下一个人。明思宗看到大势已去，只能带着太监王承恩登临景山，吊死在寿皇亭的一棵槐树上。

明思宗之所以落得如此下场就是因为他多疑的本性所致，他也因此而错杀了很多有能力的官员。在我们的生活和工作中，就算是一个非常明智的人，如果他本性中有多疑的性格的话，同样会扭曲事实，最终使自己走上错误的道路。

闻谤不怒，终将自息

何以息谤？曰：无辩。

——弘一法师

通过职场新人阿丽的故事，我们来看看在面对别人诽谤的时候该怎么做。

职场中遇到诽谤的事情非常多，刚进公司的阿丽就经历了这样的一件被诽谤的事情，还好她的领导比较英明，合理化解了这件事情。

重点大学毕业的阿丽来到一家大型企业，但是生性内向的她因为在公司中不怎么说话，一时间惹来了几个老同事的不满，有些人便在背后议论道："有什么了不起的，不就是一个重点大学生吗？我要是年轻几岁也能读重点大学。"

本来一些脾气好的同事好心和阿丽说话，但是阿丽因为自己不会讲话而有些冷落这些同事，于是这些同事也开始讨厌阿丽。

后来有一次阿丽一个人负责一项工作，她很好强，没有去请教任何同事，只是一个人在公司闷头苦干到很晚。正好有天晚上上海总部的董事长有事情来到公司，几位董事会的成员开会到很晚，他们开完会看到还在工作的阿丽，于是就邀请她一起吃夜宵，碰巧这一幕又被其他同事看到了，所以阿丽又多了一个讨好领导的"罪名"。

后来不但同事们之间在背地里说阿丽的坏话，甚至有些人还在领导的面前说阿丽的坏话。俗话说"好事不出门，坏事传千里"，本来没什么的事情，被几个同事一说，就有更多的人开始怀疑阿丽的人品问题了。

公司里的同事开始越来越不喜欢阿丽，而阿丽也逐渐察觉到了同事们对她的态度，她也想改变，但是又不知道该从何做起，只能整天一个人埋头苦干。后来阿丽的主管赵小姐听到了几位同事的闲言碎语之后，调查了整件事情。

赵小姐在私下里先后找了公司里的几位老员工，她对他们讲阿丽只是一个新人，刚从大学毕业还不懂得该如何工作，更不懂该如何融入公司这种新的、完全有别于大学的大家庭，所以希望大家都不要冷落她，更不能四处诽谤她，要懂得帮助她。

赵小姐也在私下里找到了阿丽，积极帮助她融入公司的氛围中。阿丽也最终明白了一切，她乐观地看待这件事情，主动和同事们打招呼，最终公司的同事接纳了这位新同事，不再非议她了。

其实不管是在学校里，还是在社会中，一个人需懂得不要随意诽谤他人，很多时候可能别人并没有做错什么，但是被一个人在背地里一说，结果就直接影响到了当事人的声誉和品质。

弘一法师对此也有自己的看法，对于别人的诽谤他曾经指出：假如有人诽谤了我，我绝对不会和他们争辩，因为没有这个必要，我会放宽我的心态，尽量去包容他们的诽谤。很多人诽谤别人并不是出于本意，很有可能是无意的，但是不管他们的诽谤是出于有意还是无意，事情的真实不会因此而改变，而且事实迟早会被人们知道。作为当事人的我，又为什么要花费时间和口舌去说明和辩解呢？如果我自身没有什么错误而遭受到了别人的诽谤，那么这种诽谤就是无中生有，是没有任何意义的，他们最终会因为自己的诽谤而吃亏，那么我又何必去在意呢？相反，我还会怜悯他们。

《了凡四训》有云：“闻谤不怒，虽谗焰熏天，如举火焚空，终将自息；

闻谤而怒，虽巧心力辩，如春蚕作茧，自取缠绵。”一些智慧的人都明白，自身和天地其实是同根同源的，既然我们和外界事物本来就是同根同源，那对于别人的诽谤又有什么不可以包容的呢？

曾经有一个禅师在外边云游，他遇到了一个对他有偏见的人，这个人品行有点低劣，他连续几天跟踪这位禅师，然后一味诽谤和侮辱禅师。但是禅师对于他的行为并没有做任何回应，直到最后那个人也不知道该怎么诽谤禅师了，于是禅师说：“施主，如果有一个人送你一份礼物，但是你拒绝了这个礼物，那么这个礼物现在属于谁的？”

这个人想都没有想说：“这个礼物当然是属于那个人啊。”

禅师则笑着说：“你没有说错，现在我拒绝了你所有的诽谤和谩骂，其实这些诽谤和谩骂都好像是给你的一样。”

其实每一个诽谤他人的人最后都会受到惩罚，所以我们没有必要因为受到了对方的诽谤而影响自己的心境。

很多时候我们可以“以不变应万变”的心境来对待别人的诽谤，只要我们保持一颗不动的心，那么所有的诽谤在我们面前就什么都不是了。当我们真的有错误的时候，我们需要反省自己，然后努力去改正自己的错误；但如果我们本身不存在什么错误，而只是因为有人诽谤了我们，那么我们可以对此不了理睬，只要我们保持自己心态方面的平和，那么诽谤慢慢就会平息。

第七章

以淡字交友，以聋字止谤

——听李叔同讲惠吉

谨慎开口，言多必失

攻人之恶毋太严，要思其堪受。教人之善毋过高，当使其可从。

——弘一法师

很多人都会有疑问：“怎么话说多了还有危险，不是都认为，只有多说话才能够拓展自己的交际范围吗?”当然喜欢和别人打招呼的人能够得到大家的欢迎，但是舌头的“功能”太强大了，如果稍不留神说出了不该说的话，那么就会给自己带来灾祸，因为人们可以通过你的话探测到语言背后的意思，古人一直说“言多必失”，其实就是这个道理。

唐朝的刘文静是一个有很大功劳的人，但是因为他说话太冲动而最终丢了性命。

刘文静是唐朝的开国元勋，但同时期的裴寂也是倍受李渊器重。裴寂经过刘文静的介绍认识的李世民，在李世民起兵的过程中他起过一定的作用，但是他更多的是讨好李世民的父亲李渊。他经常和李渊在一起饮酒作乐，还将自己管辖的隋炀帝的宫女送给了李渊。在李渊称帝之后，对裴寂更加宠爱，授给了他右丞相的职位，每一次上朝的时候，裴寂都可以和李渊同登御座，等到退朝之后，他又和李渊一同回宫。李渊对裴寂是言听计从，而且封赏了他很多东西。

但是刘文静却没有得到李渊的重视，虽然他有比较大的功劳，可只是一个尚书，职位比裴寂低了很多，因为这件事情他感觉非常不公平，所以在朝廷上经常和裴寂唱反调，慢慢地两个人之间有了隔阂。

有一次家宴的时候，刘文静扬言一定要杀了裴寂，并且以刀击柱。没有想到他的这句话很快被一位已经失宠了的小妾告到了朝廷，朝廷在审问他的时候，他如实相告，他说："当初在起兵的时候，我和裴寂的官职差不多，而且他的功劳没有我大，现在他却官居丞相，还封赐了很多东西，而我的赏赐则和其他将领一样。我以前打仗的时候都不知道将家眷托付给谁，现在我还是无法让他们过上更好的生活，所以在酒醉的时候牢骚了几句，这有什么？"

李渊知道后非常生气，他认为刘文静想要谋反，当时很多大臣都出来为刘文静说情。李世民更是据理力争，他说当初起兵反隋的是刘文静，裴寂只不过是后来才知道了这事，现在天下太平了，却受到了不公平的待遇，发些牢骚也是可以理解的。但是李渊和刘文静的关系一直比较疏远，裴寂此时知道刘文静对自己非常不满，于是对李渊说："刘文静虽然足智多谋，而且有很大的功劳，但是他现在已经有反心，现在虽然是天下太平的时候，但是赦免了他以后必定会有大患的。"这句话正好说中了李渊的内心，于是决定将刘文静杀死。在行刑的时候，刘文静叹息道："如果我当时知道言多必失的道理，少说几句话，估计也不会落到今天的下场。"

老子所说的"多言数穷，不如守中"和孔子所说的"君子当讷于言而敏于行"有着相同的意思，由此可见，古代拥有大学问的人都知道言多必失的道理。但是在现实生活中，我们很多人却不知道管好自己的嘴巴，他们往往打开话匣子就什么话都说出来了，直到后来他们因为语言而招来了灾祸，此时他们才会后悔，但是显然已经晚了。所以我们一定要管好自己的嘴巴，不要给自己招来灾祸。

终身失便宜，乃终身得便宜

凡事最不可想占便宜。便宜者，天下人之所共争也。我一人据之，则怨萃于我矣。我失便宜，则众怨消矣。故终身失便宜，乃终身得便宜也。此余数十年阅历有得之言，其遵守之，毋忽。余生平未尝多受小人之侮，只有一善策，能转弯早耳。

——弘一法师

据说，在很早的时候世界上有一个千年的老蜗牛，它的体型非常大。在这个蜗牛的左上角有一个国家，这个国家的名字叫作“触氏”；在这个蜗牛的右上角也有一个国家，这个国家叫作“蛮氏”。

“蛮氏”国的酋长总是对左上角的土地垂涎三尺，他想要独霸这个地方，于是开始了行动。在一个伸手不见五指的夜晚，他率领着国内三万多名将士去攻打“触氏”国。

但没有想到的是，当时“触氏”国的首领是一个特别喜欢占便宜的人，他也早就想要吞并“蛮氏”国，他也在这天晚上召集了三万多名好汉，也想乘着天黑去攻打“蛮氏”国。

第二天早晨太阳升起的时候，两个国家的六万多名士兵在蜗牛头上一片开阔的土地上展开了厮杀。三天之后，两个国家的士兵全军覆没，而且“蛮氏”国的酋长和“触氏”国的首领也在战斗中死掉了。

虽然这只是一个故事，但其实是在告诉我们，任何时候都不要想着去占便宜，就算是为了蜗牛头上这么一小点的利益，要不然只能是两败俱伤，最终丢了自己的性命。

其实爱占便宜的坏处有很多，不仅仅是个人，对于一个国家同样是这样。

在战国时期，秦国是最具实力的一个诸侯国。秦国国王派出白起去攻打韩国，因此占据了韩国一块叫作野王的地方。在野王的旁边有一个地方叫上党，韩国的很多官员看到野王很轻易就被占领了，担心上党也会保不住，于是就写信给赵国，表示愿意将上党送给赵国，只要赵国能够发兵救一救危在旦夕的韩国。

赵国的国君认为这是一件对国家有益的好事，但是他又拿捏不准，担心自己在遭遇强大秦国的时候要吃败仗，于是赵王就将一些得力大臣招来商量对策。大臣们针对到底要不要接受韩国的提议而展开了一番争论。

平原君赵胜对赵王说："上党的地方很大，现在我们几乎不用浪费一兵一卒就可以得到，我们为什么不要呢?"而平阳君则对此坚决反对，他说："我也知道这个地方可以不费吹灰之力就可以得到，但是正是因为它过于容易了，所以我担心会招来大祸。你们想，如果我们因为这件事情而得罪了强大的秦国，很有可能引来两个国家的战争。"但是赵王实在觉得这是一块到嘴的肥肉，并且认为现在赵国兵强马壮，料定秦国不会和赵国开战，所以他支持了平原君的想法，然后派出人员接受了韩国的上党，将这块土地划到了赵国的领土里。

秦王知道这件事情之后非常生气，他认为赵王是故意和他作对，于是就命令自己的大将白起率兵攻打赵国，最后赵国的四十万大军都被白起俘虏，国都邯郸也还被秦国围困了起来，赵国不得不依靠楚国的力量以解救。经过此次战斗之后，赵国的势力开始迅速下滑，并丧失了大片的土地。赵国就是因为当初占得了一点小便宜，最后却吃了大亏。

可见不管是一个人，还是一个国家，心怀不轨的话最终是占不到任何便宜的，只会让自己吃更多的亏，关于这个教训，我们一定要引以为戒。

会吃亏的人总能成就大事

林退斋临终，子孙环跪请训。曰：无他言，尔等只要学吃亏。

——弘一法师

林退斋是古代一个非常有德行的人，临终的时候，他的儿孙都围绕在他的身边，大家问他还有什么要交代的，他则说："我也没有什么要交代的，你们只要学会吃亏就可以了。"

林退斋的临终遗言居然是要自己的儿孙们都学会吃亏，这实在让很多人不能明白。其实林退斋想让儿孙们学会吃亏，是一种非常高深的人生哲学。因为这个道理是他用毕生的心血总结出来的，他认为对儿孙将有很大的帮助，可以保证他们不受到损害。

历史上有很多吃了亏而保全了自己的人，春秋战国时期郑国的大臣子产就是这样的一个智者。

春秋战国时期的子产从小就是一个特别有气量的人，他和别人打赌的时候，如果是自己赢了，他也会故意装作自己输了。长大做官后，子产还是处处让着别人，所以同僚们都认为他是一个能够交往的人，很少有人反对他。

子产在当了相国之后，他将朝廷给自己的一些封赏都赏赐给其他人。他的一位朋友对他说："现在你没有求助别人的地方，别人只会求助你，你没有必要讨好别人啊。况且你还赏赐东西给你的下属，难道不是应该他们讨好你吗?"子产对此则不以为然，他说："如果没有他们的拥护，我这个相国的位置也就不保了，我又怎么可能得到朝廷的赏赐呢？所以现在我将这些赏赐都分给其他人，但愿大家都能够没有私心。”

在那个时候，朝廷制定了很多涉嫌扰民的政策，老百姓多有怨言，子产建议朝廷废除这些政策，他说：“如果一个朝廷不为自己的子民着想，只懂得剥夺，把自己的百姓当作仇人一样，那么这个国家怎么可能兴旺发达呢？我们要给百姓一些好处，就好像是养鱼一样，如果我们现在能够舍弃一些小利益，日后肯定会得到百姓的拥护。”之后，子产为国家制定了很多惠民的政策，百姓们从中获得了很多利益，郑国开始稳定了下来。

郑国大族公孙氏在郑国有很大的影响力，为了安抚这些人，子产对他们非常照顾，有一次居然将一座城池作为奖赏给了他们。当时子产的下属太叔对此行为表示了反对，他说：“你为了讨得公孙氏的欢心，而让国家吃亏，你这样的行为人们会认为是在出卖国家，你难道愿意背负上这个罪名吗？”子产则对他说：“每个人都有自己的欲望，我们只有满足了他的欲望，才可以驱使他们。”子产接着说，“公孙氏在郑国的地位非常高，如果他们对郑国怀有二心，那么国家的损失就更大了。我的行为都是为了国家好，而对国家没有任何损害。”

慢慢地，郑国在子产的治理下，开始走向了强盛，达到了大治的局面。

如果一个人不愿意吃亏，那么这对他的成功有很大的阻力，很多人虽然认识不到这一点，但是它确确实实存在。一个真正成功的人，总是一个主动吃亏的人。

李嘉诚就是这样一个人，他认为只要主动吃亏就可以赢得更多的商业合作伙伴。他说：“想想看，如果一个东西我只赚了5分钱，但是我却多了100个合作者，那么，我现在可以赚到多少个5分钱呢？如果我每次执意要多赚一些，我要赚8分钱，那么我的合作伙伴就会从100个变成5个，那么我赚8分又有什么意义呢？”李嘉诚的一生和很多人进行过长期或短期的合作，但是他总是愿意少赚取一些钱，而在生意不是很理想的时候，他宁愿一分钱都不要，宁愿自己吃亏。他的这种做事风格就是一种气量和风度，也正是因为这个原因，很多的人愿意和他合作，他的生意越做越大，也积攒了很多财富。

吃亏并不是一般人认为的愚钝，而是一种很高深的学问。

摆脱虚浮，看透名利

心术，以光明笃实为第一。容貌，以正大老成为第一。言语，以简重真切为第一。平生无一事可瞒人，此是大快。

——弘一法师

很多人将名利和地位视为实现自已人生价值的必要条件，他们认为这些才是实现生命意义的所在，所以这些人很容易陷入名利的泥潭之中而无法自拔。其实，人生的真正意义在于能够摆脱这些虚浮的事情，能够看到更清净的东西。

东汉时期的姜岐就是一个能够看透名利的人。

姜岐，字子平，东汉时期汉阳郡上邦县人。他的家境非常殷实，家中有几千顷良田，牛马成群。但是姜岐很小的时候父亲就病逝了，他一直和母亲、哥哥姜岑生活在一起。姜岐非常聪慧，很有悟性，性格也非常腼腆，尤其对母亲非常孝顺，所以他在汉阳郡内有很高的名望。

姜岐还在七八岁的时候，由于母亲体弱多病，有时候病起来一两天都无法进食，姜岐这个时候就坐在母亲身边然后给她背诵诗歌，希望能够让母亲减轻一些病痛的折磨。姜岐还会为母亲捶背，不时给母亲讲一些在学堂里的趣事让母亲解闷。当母亲不想吃饭的时候，他也不吃饭，母亲因为心疼他，所以就会装作没有生病的样子吃饭，他才会开开心心地去吃饭。

延熹年间，沛国人桥玄任汉阳郡太守。桥玄在到任之后希望从汉阳郡中选出一位有名望的人来帮助他治理汉阳郡，咨询了几个人，他们一致推荐姜岐。此时桥玄才知道姜岐是一个贤士，不仅学识渊博，而且人品出众，所以他就派人请姜岐来担任功曹一职。但是姜岐则以自己身体有病为由，不去就职。桥玄对此非常不开心，他认为姜岐这样做，实际上是不愿意和自己共事，于是他命令督邮尹益亲自去姜岐住处，逼迫其前来就职。

尹益是汉阳郡人，他早就认识姜岐，但是两人之间没有深交。他听闻姜岐是一个孝子，于是便劝说桥玄说："小人认为，姜岐是远近闻名的孝子，他不仅才学出众，而且有很高的威望，不仅在汉阳郡，就算是在全荆州也很有名气，倒不如让他在家中隐居，让他教化弟子，通过他的影响，相信会对我们的民风有很大的改善。这难道不比担任功曹一职好吗？"听完尹益的话之后，桥玄眉开眼笑，然后对他说："你的话很有道理，那么就照你的话办吧。"

因为这件事情，桥玄、尹益和姜岐成为了好朋友，他们经常在一起谈古论今、分析时事、吟诗作赋，过得非常快活。

后来，姜岐的母亲去世了，在办理完丧事之后，姜岐主动将他所有的财产包括田产和房产都交给了自己的哥哥，然后自己带着家人隐居到山里去了。

什么才是真实厚重的人生？它并不是由名利、荣誉、地位这些虚无的东西组成的。我们只有摆脱了这些东西，没有了名利、地位和金钱的束缚，才能够算是找到了自己人生的真正意义，争取属于自己的厚重人生。

打开心灵，推开私欲

吕新吾云："做天下好事，既度德量力，又须审势择人。'专欲难成，众怒难犯'——此八字，不独妄动邪为者宜慎，虽以至公无私之心，行正大光明之事，亦须调剂人情，发明事理，俾大家信从，然后动有成，事可久。盖群情多暗于远识，小人不便于私己，群起而坏之，虽有良法，胡成胡久。"

——弘一法师

汉斯是个成功的企业家，拥有一家大公司，他每一天都在为扩大自己的事业而奔波。突然有一天，他累倒在机场，被秘书送进了医院。

诊断结果是，汉斯得了严重的胃溃疡，他的体重急剧下降。在这种情况下，汉斯仍然坚持在病床上工作，秘书每天拿来大量的文件，都需要汉斯思考、决策。医生警告汉斯不要继续操劳，否则会有严重后果。

汉斯说："可是医生，我不能停下来。我的公司还在发展期，如果我不管，它就会原地踏步，甚至被别的公司吞并。我不想看到这种事发生。"

"如果你再不收敛，不用多久，就会一命呜呼，你的事业就会由别人接手，这就是你想看到的?"医生说，"你听我的话，试着让自己轻松一下，不会影响你的事业。"

汉斯没办法，只好暂时把公司交给几个亲信，自己去国外疗养了半年。半年后，汉斯的健康状况好转，更重要的是，他的心态发生了转变。在每日与湖光山色为伴的过程中，他明白了生命中还有太多值得享受的东西，赚钱不是最重要的事。回到公司后，汉斯开始注意劳逸结合，没想到的是，在他一张一弛的工作方式下，他的生意竟然更好了。

对于贪图私欲这一点，弘一法师非常提倡明朝学者吕坤的见解。

吕坤，号新吾，他曾经讲道：如果要为天下做好事，不仅要衡量自己的德行和能力，还应该时刻观察周围的时机，要选择合适的人才可以。不仅是那些平常做事情比较草率和轻浮的人是这样，不仅是胡作非为的人需要慎重考虑，就算是正大光明的人做事也情慎重考虑，要懂得根据周围人的需求而调节自己的情绪。而且我们还应该将事情的道理展现给对方，让对方也能够信服这个道理，并且能够遵循下去。其实世界上大多数人并不具备远见，如果仅仅是借助道德的力量来约束他们，而小人不能谋取到一定的私利的话，那么这些小人很有可能鼓动或者利用更多的人来破坏事情，做出更大的坏事来。如果我们能够想出更好的办法然后让大多数人获益，那么我们所获得的这种成功将会长久。

只有我们时刻想着众人的利益，我们所从事的事情才会得到更多人的支持，自然就无往不胜了。

虽然很多人都在修身，但是他们无法要求所有人都和他们一样放下私欲，所以我们在处理事情的时候要懂得变通，对于不同的人要求则不同，对于不同的人在处理上自然也要有所变通。

我们经常会提到不要犯众怒，但是这并不代表做事情要顺着众人的意思。而是告诉我们，在做任何事情的时候要考虑到大众的利益，我们不能剥夺众人的利益，更不能做出违背众人常理的事情。

孟子很早的时候就讲过“行有不得，反求诸已”，人有善心是很好，但是如果考虑事情不够周全的话，那么很有可能无法完成自己的善事。

我们在做善事的时候不要太在乎结果，任何事情都要量力而行，凡是那些违背众人利益的事情尽量不要去做。

心美，一切皆美

此心无私欲之弊，即是天理。

——弘一法师

人们在看待事物的时候往往会凭借着自己以往的经验和学识来进行判断，最终结果就是自己看到了假象。很多人在看待这个世界的时候，感觉这个世界不够公平，这个世界缺少美。其实生活中有很多美丽，只是缺少发现美的眼睛。我们只需拥有一颗美丽的心灵，就会发现我们的人生中充满着美好。

一天，一个盲人在他的导盲犬带领下过街，这个时候没想到一辆大卡车失去了控制，直接冲了过来，盲人当场被撞死，而导盲犬也为了守卫自己的主人惨死在车下。

盲人和导盲犬一起来到了天堂，一个天使拦住他们说："实在很抱歉，现在天堂只有一个名额，你们两个中只有一个能进入天堂。"

盲人听到之后连忙说："我的狗不知道什么是天堂，什么是地狱，能不能让我来决定到底谁来入天堂？"

天使非常鄙视地看了这个盲人一眼，然后皱着眉头说："对不起，先生，在天堂所有的灵魂都是平等的，你们需要通过比赛来确定谁来入天堂。"

盲人非常失望地说："那，那到底是什么比赛呢？"

天使对他们说："这个比赛非常简单，就是赛跑。你们从这里开始比赛，谁先到天堂的大门口，谁就可以进入天堂。不过你可以放心，现在你已经离开了人世，所以你的眼睛已经不再失明；而且灵魂的速度和肉体没有关系，如果你们奋力奔跑的话，越是善良那么你的速度就越快。”

盲人想了想，同意了这个比赛。

于是，天使让盲人和导盲犬做好准备，然后发令，宣布比赛开始。天使原本以为这个盲人会卖命奔向天堂，但没有想到的是这个盲人慢吞吞地走着。而导盲犬也是这样，一步都没有离开它的主人，也是慢吞吞走在后面。天使这才恍然大悟，明白了过来，这个导盲犬因为跟随这个盲人很多年，已经养成习惯，它会跟随在主人的身边，守卫着他。这个主人真的是太可恶了，他正是利用了导盲犬的这一点，所以才胸有成竹，他只需要快到天堂门口时跑几步就是了。

天使看着这条忠心耿耿的导盲犬非常难过，于是对它喊道：“你已经为你的主人奉献了生命，现在你的主人不再是瞎子了，你可以跑着进天堂了。”但是不管是盲人还是导盲犬都没有听天使的话，他们依旧慢吞吞走向天堂，就好像他们平常的散步一样。

果然，距离终点还有几步远的时候，盲人发出号令让导盲犬坐下了。天使用非常鄙夷的眼光看着这个盲人，这个时候盲人笑着对天使说：“我现在终于将我的狗送到了天堂，我担心的就是它根本不愿意进天堂，而是愿意和我在一起，所以我当时想帮助它决定，现在麻烦你照顾好它。”

天使愣住了，被他们的感情震撼住了。盲人留恋地看着身边的导盲犬，然后对天使说：“能够用比赛的方式来决定实在是太好了，只要它往前走几步就可以进入天堂了。不过它陪伴了我这么多年，我这还是第一次用眼睛看它，所以我想多走一会儿，多看它一会儿，现在天堂到了，如果可以的话，我真想和它一起走下去，但是现在不行了，请你好好照顾它。”

当盲人说完这些话之后，他向导盲犬发出了前进的命令，就在导盲犬到达终点的那一刻，那个盲人就像是一片羽毛一样落向了地狱。导盲犬看到之后，突然掉转头也冲向了地狱。

满心懊悔的天使张开双臂想要追上他们，但是导盲犬拥有的是世界上最纯净、最善良的心灵，就算是天堂的天使也没有办法追上它。之后导盲犬和它的主人又在一起了，就算是在地狱，导盲犬也愿意守护着它的主人。

天使站在天堂看着下面，喃喃地说道："我一开始就看错他们了，世界上存在太多的美好，都是因为我们缺乏赏识美的眼光，所以才错失了这些美好。"

世界上的确不缺少美好，只是缺少发现美丽的眼睛。这个道理和"千里马常有，而伯乐不常有"是一样的。我们擦亮自己的眼睛就可以看到世界上的美好。

其实一个人是烦恼还是开心都是由自己选择的。当我们处于不利的境况或者面对困难的时候，我们如果感觉到无能为力，那么烦恼和忧愁就会随之而生，但是此时如果我们能够改变自己的心态，用赏识美的眼光去看待这些，那么生活就会变得美好起来。

学会放下，才会收获快乐

修己以清心为要，涉世以慎言为先。

——弘一法师

曾经有一位旅行者背着一个大书包游历了很多地方，终于有一天他感觉到了疲倦，他有些不知所措。

有一天，他带着自己的行李找到了一位禅师，然后满面忧愁地对禅师说："禅师啊，我认为我太孤单了，而且我现在认为我很痛苦，为了排解我的寂寞，我曾经跋山涉水到很远的地方，但是路途实在是太遥远了，而且旅行让我感觉非常疲惫，我的鞋子已经很多次被石头磨破了，我的双脚也经常被路上的荆棘割破，我的肌肤经常被烈日所灼伤……我一直在寻找快乐，但是至今我都没有找到快乐，到底属于我的快乐在什么地方啊？"

禅师听完这个旅行者的话之后，对他说："施主，我想问你，你在你的旅行包里都装了什么东西？"

旅行者叹息道："这个包里装的东西都是对我非常有用的东西，不管任何时候我都可以在这个旅行包里找到能够帮助我的东西，我也是依靠着这个旅行包走到了今天。"

禅师没有再说什么，他只是带着这个旅行者来到一条小河边，然后让他和自己一同乘坐一艘小船渡河。

等到两人上岸了之后，禅师对这个旅行者说："现在你继续扛着这个小船上路吧。"

旅行者非常惊讶，问禅师说："我为什么要扛着这个小船上路呢？而且我也扛不起来啊。禅师您是和我在开玩笑吧。"

禅师轻轻笑着说："我当然知道你扛不起这个小船，我们在过河的时候，这个小船对我们有帮助，但是等我们过了河，我们就不应该将这条小船带在身上了，如果我们不放下它，对我们日后的旅行只有阻碍的作用。其实包括你的痛苦、孤独、寂寞以及无助，这些都是你在旅行中得到的东西，它们虽然可以带给我们很多领悟，但是上岸了之后，我们就需要将它们放下，要不然这些东西就会成为阻碍我们前进的包袱。所以施主请你勇敢地走下去吧，你应该学会适当放弃一些东西，生命不应该承受太多的东西，放下了之后才可以走得更远。"

旅行者此时才明白了过来，他放下肩膀上的旅行包，然后上了路。此时他发现自己的步履轻松了很多，原来很多东西放下了，才会感觉到愉快。

其实，很多时候只要我们愿意去放下、敢于放下，以及没有顾虑地放下，我们的心情就会轻松，做事情的时候也会感觉到解脱。

曾经有一位老人一生都在寻找幸福，于是他来到佛祖面前，对他说："万能的佛祖啊，请赐给我幸福吧。"

佛祖非常慈悲地对这个老人家说："请问老人家您今年高寿？"

这位老人回答说："我今年已经有60多岁了。"

佛祖感觉到非常奇怪，于是对他说："这不应该啊，您活了60多岁了，难道从来都没有幸福过吗？"

老人非常沮丧地说："是啊，佛祖。我10岁的时候整天只顾着玩耍，所以不知道什么是幸福；到了20岁的时候，整天忙着读书，为的是求取文凭，没有时间去幸福；30岁的时候每天都在努力赚钱，为了结婚生孩子，所以也没有顾及到幸福；到了40岁时每天想的都是升迁的事情，也没有时间去处理幸福的问题；到了50岁时我本应该享受天伦之乐，但是为了我几个不争气的孩子到处求人，所以我也不幸福；现在60多岁就更痛苦了，每天都要遭受病痛的折磨。”

佛祖听完他的话之后，对他说：“老人家，看来是我欠了你太多的幸福，现在我想赐给你一些幸福，但是我看你的心中充满着功名、利禄、烦恼、仇恨……我赐给你的幸福不知道你该如何安放呢？”

老人家这才明白了其中的原委，于是果断放下了心中的功名、利禄、烦恼、仇恨……自然他也因此而感受到了幸福的感觉。

其实，得到幸福非常简单，只需要懂得“放下”就可以。

当然，要想做到“放下”并不是一件简单的事情，我们要有这样的觉悟，然后慢慢放下，慢慢去参透其中的奥妙，自然就可以得到幸福。

其实想要“放下”是一件非常难的事情。有些人获得了爱情，那么他就很难放下爱情；有些人博取了功名，那么他就无法放下功名；有些人获得了很高的地位，那么他就无法放下地位；有些人赢得了声誉，那么他就无法放下声誉……很多时候，我们拥有什么东西就无法放下什么东西，也正是因为这个原因才使得我们无法放下，让我们变得非常痛苦。

弘一法师对此有很深刻的理解，他讲道，如果想要获得快乐就需要放下心中放不下的东西。

这个世界上有多少人认为自己获得了幸福和快乐？可能有些人终其一生寻找幸福和快乐，但是最终却什么都没有得到。真正意义上的幸福，与财富和地位都没有关系。越是安宁的幸福，越是不受外界环境的污染。

如果想要幸福，就从现在开始学着放下吧。我们现在可以试着告别过去，然后放下所有的杂念，重新开始我们的幸福生活。过去不管是得意还是失意都已经过去了，我们也无法对之前的生活做出修改，现在我们只需放下该放下的，不管是钱财、地位、名望还是其他什么，放下了我们就幸福了。

我们每个人都应该在当下的生活中学会“放下”，不要只记着以往的事情。努力放下心中执着追求的，有阻于我们幸福的东西，腾出我们内心的空间，不要让其他东西影响到我们的情绪，这样我们才能够幸福、快乐。

祛除心中的“偏见”

性无不善，故知无不良。

——弘一法师

只有我们的心中没有了偏见，我们做事情才会做到相对公平；如果我们在处理事情的时候能够做到心中无我，那么我们才能够光明正大。

我们都知道，每个人心中对好恶的分辨不一样，也正是因为这种个人的好恶观念左右了我们的意见，从而产生了偏见，而这种偏见会导致我们做事情有所偏颇。一个人做事情如果失去了公平，那么就不会得到别人的信任，尤其是对于一个处于领导地位的人来说，如果失之偏颇，那么他就会失去下属的忠心，甚至会落得众叛亲离，三国时期的袁绍就是这样一个人。在袁绍的一生中充满着偏见，也正是他的偏见葬送了他自己。对此我们应该提起高度的重视，就算我们没有处于袁绍那样的高位，也应该在处理事情的时候做到祛除偏见，只有这样才能够将事情做好、将事情做得公平，得到更多的赞成和支持。

雪中送炭犹可贵

惠不在大，在乎当厄。怨不在多，在乎伤心。

——弘一法师

不管是大恩惠还是小恩惠，只要是及时的恩惠就会对别人有帮助；同样，不管是很多的怨恨还是很少的怨恨，只要让对方伤心了，那么就有其危害性。

对于一个接受恩惠的人来说，他们并不在意恩惠的大小，关键是要看恩惠对他们有没有帮助，如果在他们最急需的时候，我们能够为其伸出援助之手，能够救对方于水火之中，那么这种帮助无疑是雪中送炭，肯定能够让对方铭记在心。锦上添花的帮助虽然能够让对方开心，但是比起雪中送炭的作用就小了很多。

我国古代著名的哲学家庄子曾经因为生活贫困而去向监河侯借粮。监河侯是一个非常吝啬的人，但是又很要面子，于是他对庄子说："现在不行，等过了一段时间我收了租子之后，就借给你粮食，而且还可以多借给你一些。"

庄子知道对方是虚情假意，于是想用一个寓言故事来讽刺对方。庄子对监河侯说："昨天我在来你这儿的路上听到一个声音在喊我，我定睛一看，居然在干涸的车辙里看见了一条小鱼，于是我就问它说：'小鱼，你需要什么啊?'小鱼对我说：'我是河里的一条鱼，你能不能给我一些水让我活下去啊，我现在就要死了。'我就对它说：'当然可以啊，我现在就去劝说吴国和越国的国君，让他们同意我引西江的水来救你。’小鱼则非常气愤地说：‘我现在已经快死了，我需要少量的水就可以活下去，按照你的这个说法，你还不如直接到卖干鱼的菜市场去找我。’”

其实，这个寓言故事就是后来很著名的“涸辙之鲋”。它是在告诉我们，如果要给别人恩惠，那么就尽量及时些。再进一步说，给别人恩惠不是为了得到别人的报答，其实那些接受我们恩惠的人会想着报答我们，尤其是在我们身处困境的时候，他们会想着来帮助我们。

我们再来看这样一个小故事。

战国时期，有一次中山国的君主遇到一位饥寒交迫的人，便主动用水泡剩饭给他吃。这本来是件很小的事情，事后中山君也忘得一干二净，可是那个人却是刻骨铭心，始终对中山君感恩戴德，直到临死之前，还嘱咐他的儿子说：“将来中山君有危难的时候，你们一定要尽力去保护他。”后来，楚国攻打中山国，中山君落难出逃，这个人的两个儿子果然紧跟其后，誓死保卫中山君。

及时给予的恩惠就好比是饥饿时的一碗饭、黑暗中的一盏灯、寒冷时的一件衣服、下雨时的一把伞，看似微不足道，却会让接受恩惠的人心里感到无比温暖，他们自然也会在你困难的时候及时相助。

再小的错误也可能造成苦

省察以后，若知是过，即力改之。诸君应知：改过之事，乃是十分光明磊落，足以表示伟大之人格。

——弘一法师

很多人对自己一些细小的错误总是不以为意，认为这没有什么大不了的，但是他们没有想过，日积月累，这些小错误就会酿成大祸，从而让自己感觉到后悔。

很多人一旦遇到如下几种情况就会非常开心：偶尔的失言并没有给自己带来灾祸、鲁莽行事之后却阴差阳错地取得了成功、偶尔的任性却得到了好处……这些事情虽然看起来是“好事”，但是如果遇到这些情况的人继续这样下去，那么他们终究会酿成大祸，最终会让自己吃很大的亏。

人并不是圣贤，犯错误非常正常，但是要看我们会以怎样的心态去对待我们的错误。如果能够改正自己的错误，那么我们对人待事就会逐渐完善，人们也开始更加乐意接受我们；如果我们不约束自己的行为，尤其是自己的错误，那么就会让自己在错误的路上走得更远，最终会毁掉自己。

其实很多祸患都是因为很小的过失和毛病发展而来的。刚开始的时候很多人都喜欢“打擦边球”，在没有触及到底线的时候都毫无内疚感，即便是偶尔的触及底线也不会在意，因为他们并没有看到触及底线而遭受到的惩罚，慢慢地他们就会将这件事情忘记，然后继续任其发展。等到触及底线的次数多了，自己的内疚感就丝毫没有了，人也就开始变得麻木，自然也就忘记了底线。一旦事态恶化，就会演变成祸患。

著名的《伊索寓言》中有一篇写小过失和小毛病最终带来大灾祸的寓言，这就是《贼和他的母亲》。

曾经有一个小孩子从他的同学那里偷来了一本书，他将这本书交给了他的母亲，他的母亲不但没有责备他，反而夸奖了他；等到第二次的时候他又偷了一个斗篷，同样交给了他的母亲，他的母亲还是夸奖了他。等到他长大了之后，开始偷窃一些更为值钱的东西，后来他干脆干起了这种勾当。后来有一次他在偷盗的时候被别人抓住了，他双手被反绑着带到了刑场，他的母亲在人群中看到他，非常伤心地捶打着自己的胸脯。就在这个时候，这个年轻人对押解他的人说："我能跟我的母亲说几句话吗？"等到对方同意了之后，他走到母亲身边，然后非常快速地咬住了母亲的耳朵，他的母亲责骂他是一个不孝的孩子，这个时候他对他的母亲说："当我第一次偷了别人的书时，你没有责骂我，反而夸奖了我。如果当初你管教了我，那么我也就不会到今天这个地步了。"

古人说，"千里之堤，溃于蚁穴"，如果我们对自己身上的一些小问题不加以注意和修正，那么这些小毛病就会酿成灾难，最后导致自己身败名裂，甚至国破家亡。所以就像弘一法师说的，我们应该对自己严格一些，这样会让我们免于灾祸。

第八章

心地宽舒者，事事皆宽舒

——听李叔同讲悖凶

一切归零，重新开始

圣人必可学而至。

——弘一法师

人们在生活中有时候可以试着将自己“归零”，然后重新开始生活，这样必定可以披荆斩棘，求取胜利。这种“归零”的生活方式是一种人生的大智慧和大能力。

曾经有一位老总，他曾使一家濒临倒闭的小企业在几年之间扭亏为盈，可在这之后他又接手了一家快要倒闭的企业，这次却没有那么幸运，他没有成功地力挽狂澜。

后来这位老总来到了昆山，他将自己“归零”，一切从头开始。后来慢慢地他成为了昆山地产界非常有名气的企业家。有人问起他成功的秘诀，他说：“我可以将自己‘归零’，然后一步一个脚印重新开始，在这个过程中我可以拥有以往没有的勇气和能力。”

这位老总在多次起落中仍旧能够保持良好心态，这点值得我们很多人学习。

适时将自己“归零”，这样可以清除“体内的垃圾”，去掉虚荣和焦躁的习气，培养出积极面对人生的态度。不要再为以前自己所犯过的错误耿耿于怀了，也不要再躺在自己以往的成绩上睡大觉了，将自己“归零”，心无旁念地朝着美好生活前进。

一个成功的人都懂得“归零”自己的重要性，这样可以让他们戒骄戒躁，不将之前的成功当作包袱。

著名作家刘震云曾经说过：“归零心态就是把自己心灵里的一切清空，把已经拥有的一切剥除。”

曾经有一个落魄的篮球明星到一家洗车店打工，老板要求他在擦车的时候摘下他的总冠军戒指，因为戴着戒指容易将车划伤，但是这位篮球明星拒绝了这个要求，他认为那枚戒指是他最后的荣誉，如果拿走它的话，他就什么也没有了，但是很快他就被汽车店的老板解雇了。

这个篮球明星就需要将自己“归零”，因为只有这样他才能够在人生轨迹上再次创造奇迹。就像球王贝利被问道“你认为你的哪个进球是最精彩的？”球王的回答永远是“下一个”。

冰心也曾经说过：“冠冕，是暂时的光辉，是永久的束缚。一个人只有摆脱了历史的束缚，才能不断地迈步向前。”

前哈佛大学校长在北京大学访问的时候，讲起了自己的一段经历。

有一年，这位校长向学校请了3个月的假期，然后告诉自己的家人不要为他担心，也不要问他去了什么地方，他要独自待一段时间，但每个星期都会给家里打来电话报平安。

原来校长一个人去了美国南部的一个小村庄，他准备尝试一种全新的生活。他到一家农场去打工，还帮助一些小饭店刷盘子。后来他去田地里帮助别人做工，他会和一些工友躲着老板在角落里抽烟，然后和他们聊天。这样生活让他感觉很快乐。

最有趣的是，他最后到一家餐厅给别人刷盘子，在干了4个小时之后，他的老板叫住他，给了他一些钱让他走人。老板对他说："可怜的老头子，你刷盘子的速度实在是太慢了，你被解雇了。"

就是这样一个老头，重新回到了哈佛大学，重新回到了他所熟悉的工作环境中，让他再次感觉工作就是一种全新的享受。

这位校长的经历就像是一个淘气孩子的恶作剧一样，非常刺激和新鲜。但是重要的是，他又重新回到了原来的工作中，感觉身边的一切都是那么有趣，他将自己体内那些多年积累下来的"垃圾"全部清除了。

要想成功就要一步一步来，但是时间久了重复的工作总会让我们感觉厌倦，所以我们就需要适时"归零"，忘记以往的成功，同时也忘掉之前的失败，重头开始迎接美好的生活。

换个角度，豁然开朗

恶，莫大于纵己之欲。祸，莫大于言人之非。施之君子，则丧吾德，施之小人，则杀吾身。

——弘一法师

一件事情的好坏并不能凭借一个人的主观意识来判断。因为每一件事情都有很多面，从这个角度看是坏事，或许换个角度看就会是好事了。学会换个角度看问题，会让我们的眼界变得更为宽广，不会让我们撞入死胡同。简单说就是，我们要学会变换角度，需要从长远的角度去看问题。

曾经有一位老人膝下有两个女儿。两个女儿成年之后，大女儿嫁给了洗衣店的老板，而小女儿则嫁给了雨伞店的老板。本来两个女儿都过得非常幸福，但是自打两个女儿出嫁之后，老人整天都眉头不展。

因为在遇到晴天的时候，老人就会担心小女婿的生意不好，会让自己的小女儿生活不好；而到了雨天的时候，他又会担心大女婿的生意，因为衣服晒不干，会让客人不满意，那么大女儿的生活就会有问题。所以他每天都处于不快乐之中。

后来有一个聪明人看出了老人的问题，于是对他说："您的命可真是好啊。"在遇到晴天的时候，您大女婿家的洗衣店的生意肯定会很好，衣服都能晒干；而到了雨天的时候，您也应该感觉到开心，因为您小女婿家的雨伞店生意肯定会很好，那么您的小女儿就会过上好日子了。所以不管处于什么天气，您都会感觉到开心，这实在是好福气啊。”

老人听完聪明人的话之后，感觉非常在理，于是他就变得开开心心了。现在，天气依旧在变化，但是老人的想法也发生了变化，所以他每天都过得很开心。

很多时候，我们只要换个角度去看待问题，那么很多事情就变得“阳光”了。一个人如果想要得到幸福，就不能老是将眼光盯在消极的东西上，要不然只能让自己的烦恼加重。消极的态度会让原本幸福的人生变得非常黯淡。悲观的情绪会让自己沉浸在困境中，但是我们如果能够改变自己看待问题的角度，或许一些悲观的事情会变得不那么悲观，就好比“塞翁失马焉知非福”的道理一样。

曾经有两个水桶一同吊在井口上，其中一个水桶对另一个说：“你怎么看起来有些不开心，是不是遇到了什么不愉快的事情?”

另一个水桶非常沮丧地说：“我现在想，我们每天的工作都很没有意义，我们经常装满了水，然后又变空，每天都是这样重复。”

第一个水桶说：“原来你是在烦恼这个问题，我和你的看法倒不一样，我感觉很有意义，因为我认为我们是空空地来，然后满满地回去。”

相同的遭遇，但是看待问题的角度不同，则会产生完全不同的心情。如果我们在看待一件事情的时候只知道关注不好的一面，那么就会让自己一直陷入痛苦之中；如果我们能够换一个角度去看问题，就会豁然开朗，原来我们所遭遇的事情还没有那么糟糕。有时候只需要将低下的头稍微抬起来一点，朝着上面看，那么我们就会感觉天空是如此宽广，一个人的心胸自然也就开阔了。要知道，任何事情都有不同的一面，我们所看到的未必是事情的全部，如果我们在看待事物的时候能够尝试着通过不同的角度去看，那么或许就会有意想不到的收获。

快乐和悲观犹如双胞胎，它们会同时出现，关键就在于我们是在寻找快乐还是在寻找悲观。不管是快乐还是悲哀其实都掌握在我们自己的手中，要看我们怎么去对待。

待人处事，适度有余

入世心做事，出世心做人。

——弘一法师

战国时期，秦国的李斯有着极高的威望，地位非常高。他的几个儿子都娶了秦国的公主为妻，同样他的几个女儿都嫁给了秦国的皇族。

有一天，李斯的大儿子时任三川郡守的李由因病休假回到了咸阳，李斯见到儿子之后非常开心，于是就在家中大摆筵席。文武百官听到消息之后都纷纷前来庆祝李公子返乡。

李斯看到这个场景之后，说："以前荀卿说过，'事情不要过头'，我都没有在乎，现在看来我一个上蔡的草民到了今天的地位，真是受了太大的恩宠啊。现在皇帝给了我这么高的地位，普天之下一人之下、万人之上，可以说是绝对的荣华富贵啊。但是我时常在担忧，一朵花开到了极限的时候就会有所衰败，同样一个人达到了非常高的地位就很容易掉下来，所以我现在非常担忧。"

人们在工作中没有必要强求过高的地位和名誉，如果到了树大招风的地步，就会置于危险之中，最后只能让自己倒霉。

《三国演义》中诸葛亮曾经七擒七纵孟获，最后让他心服口服地归顺，这个故事一时间被传为佳话，换了其他人早就将孟获一刀斩了，不可能容他活那么久。但是诸葛亮是刘备的军师，可以说是三国中最聪明的人，他当然知道如果一刀杀掉了孟获，那么这个地方的民众肯定不会服从于他，最终只能为蜀国增添灾祸。所以他给孟获留了一条生路，也为自己留了一种可能。就在他给了孟获第七次机会的时候，孟获第八次被抓住之后，终于献出了他的真心，表示愿意投靠蜀国，同时也对诸葛亮本人佩服得五体投地。

可见，给别人留有余地其实就是给了自己一种成功的可能，或许给别人的余地能够为自己以后免除不必要的失败和麻烦。

弘一法师曾经讲道："做人应该给别人留有余地，也给自己留有余地。人在做事情的时候不要渴望着做到全胜，将别人赶尽杀绝，这样会物极必反，会引起别人'破釜沉舟'的反击，这样只能让双方'鱼死网破'。"

"乐极生悲，物极必反"，世间的任何事情都有其发展规律，我们一定要注意，任何事情达到了最高点就开始向反面走，时刻掌握这种规律，才能够确保自己的成功。

盛极必衰是历史的发展规律，任何国家和朝代都是经历了这样的过程，我们个人更是无法改变这一现实，所以我们不要争强好胜，不要想着将事情做到完美，要不然到头来会一场空，在我们有限的人生中保持那份纯真和美好才是最重要的。

韩非子曾在《说林》中这样写道："刻削之道，鼻莫如大，目莫如小，鼻大可小，小不可大也，目小可大，大不可小也。举事亦然，为其不可复也，则事寡败矣。"韩非子的意思是说做工艺木雕的关键是刀下雕刻的鼻子一定要大，而眼睛一定要小。因为鼻子如果雕刻大了，和脸形不相称，那么可以一点点地修改，而做小了就没有办法修改了。眼睛却要做小，如果和脸形不相称可以慢慢地修改，而如果做大了则就无法修改了。这其实就是在告诉我们平日里做事情应该留有余地，想着修改的办法，或者想到后路，这样才能够将事情办妥，从而不至于遭受到失败。

《菜根谭》中还说道：“待人而留有余，不尽之恩礼，则可以维系无厌之人心；御事而留有余，不尽之才智，则可以提防不测之事变。”这也是在告诉我们在处理事情的时候要尽量留足余地。弘一法师对这种观点非常肯定，认为人们在生活中遇到不顺利的事情非常正常，但是，如果没有留下余地，那么就会让自己遭遇不顺时不知所措，会导致最终的失败。

我们在遇到事情的时候多一些考虑，这样就不会耽搁太多的时间，给别人留下余地，同时也为自己预备一条“逃生”之路。要知道外界的情况瞬息万变，如果没有居安思危的精神，很容易让自己遭受到失败。

我们在理解了这个道理之后，就需要做到：以后做事情的时候要懂得厚道，任何事情都网开一面，给别人留下足够喘息的空间，说话也不要太刻薄。只有这样我们才能够远离灾祸，同时别人也会为我们的做法而感激我们，之后肯定会以感恩之心来对待我们。

我们给了别人一些余地，相当于给了别人一次机会，这样可以避免多出一个敌人，我们何乐而不为呢？做事情懂得给别人和自己留有余地，会让自己的心胸变得更为宽广。

懂得劝说别人的技巧

曲木恶绳，顽石恶攻。责善之言，不可不慎也。

——弘一法师

我们在劝说别人的时候一定要注意不要激起对方的逆反心理，一定要让对方感觉你和他站在同一条线上，这样他们就会顺着你的思路来思考问题，等火候差不多的时候，我们就要抓住机会，然后从侧面劝说他，这样对方就可以认识到自己的错误了。

楚庄王有一位叫优孟的官廷艺人，他身高八尺，而且很会辩论，楚庄王非常喜欢他。

楚庄王有一匹自己非常喜欢的马，他对这匹马非常重视，谁知道后来这匹马因为肥胖而死掉了。楚庄王非常伤心，于是吩咐自己的手下要将这匹马厚葬，很多臣子都来劝阻他，认为这样做不可以。楚庄王对此非常生气，于是下令说："有谁再敢就这件事情说来说去的，那么我就杀死他。"

优孟听说这件事情之后，就准备去劝劝楚庄王。他走进殿门之后就开始大哭起来，楚庄王非常吃惊，问他是什么原因。优孟说："这匹马是大王珍爱之物，现在厚葬它又有什么不可以呢？我们楚国这么强大，我们应该以更为盛大的仪式来安葬它，最起码要按照国君的规格来安葬。"

楚庄王明白了优孟话中的意思，便将那匹马普通埋葬了。而楚庄王处理这件事情的态度赢得了众位大臣们的肯定，同时优孟的行为也得到了人们的尊敬。

其实，还有一件事情能说明优孟是一个非常懂得劝说技巧的人。

楚国国相孙叔敖在帮助楚庄王治理国家的时候非常有政绩，楚庄王也非常重视孙叔敖。但是孙叔敖逝世之后楚庄王慢慢淡忘了他的功劳，对他的族人丝毫不照顾。于是优孟想就这件事情劝告楚庄王。有一天，优孟穿着孙叔敖的衣服，然后模仿着他的神态，走到楚庄王面前行礼。楚庄王非常吃惊，以为是孙叔敖复生了。优孟对他说："楚国的国相可不能做，就像孙叔敖虽然做了很多的政绩出来，但是他的儿子在他死后却无以为生。"楚庄王这才看清来人是优孟。紧接着优孟还模仿着孙叔敖的声音唱了一首歌，歌词是："贪官污吏享荣耀，子孙不愁穷，有的是民脂和民膏。公而忘私就糟糕，你先看——楚国令尹孙叔敖，苦了一生，身后萧条；子孙尤其苦，没着没落没依靠。劝你不必做清官，还是贪官污吏好！"楚庄王听完之后，一方面感觉非常感动，另一方面又很惭愧，于是封赠了孙叔敖的儿子和族人。

优孟之所以是一个善于劝谏的人，就是因为他用到了先顺后逆的"夸大法"，他的行为不但没有激起楚庄王的反感，反而还让楚庄王自己认识到了自己的错误，并积极改正了自己的错误。如果我们在劝说别人的时候能够像优孟一样，那么很多事情就很容易达成了。

自省中提高自己的品行

今人见人敬慢，辄生喜愠心，皆外重者也。此迷不破，胸中冰炭一生。

——弘一法师

很多人喜欢去指责别人，却不知道反省自己，甚至感觉反省比登天还要难。很多人都有错误，关键是要懂得去反省，要不然将不会有提高。

自省就是自己对自己的检查。只有认识到了自己的缺点，才能够提高自己。只有在自省的过程中，才能够不断纠正自己的缺点、改掉自己的错误，慢慢走向成熟。自省能够不断让人趋于完善。孔子的学生曾参就强调，每天都要反省自己，而且最好多反省几次。每天我们需要考虑我们对朋友是不是真诚、对老师传授的知识或者自己学到的知识是不是足够了解、有没有对身边的人付出爱……我们每个人需要天天这样反省自己，将自己的不足之处一一改正，最终自己就会成为一个学识渊博、人缘很好的人。

自省其实是品德中最为重要的部分，也是治愈一个人错误的良药。当我们处于迷茫的时候，自省能够防止我们掉入罪恶的陷阱之中；当我们的心灵扭曲的时候，或者我们沾沾自喜的时候，自省就像是一道清泉，能够将我们思想中一些轻薄和浮躁的东西全部洗涤干净，会让我们的生命重新燃起火花。

自省最主要的目的就是找出我们之前的过失并且对此纠正，所以自省的过程一定不能陶醉于以往的成绩之中。在自省的过程中还需要以沉静的心态去面对，古人一直在讲“静坐常思己过”，只有在安静的心态中才能够不受到任何感情的影响，才能够看到自己的本来面目，会将之前没有注意到的过失全部反省出来。

我们只有善于发现自己的过失、敢于承认自己的过失，才不会陷入过失之中，可以及时改正过失。人们经常看不到自己的短处，很多的缺点都需要别人来指出，所以我们在面对别人的规劝时不要激动，接受别人的批评，然后再去反省，这样才能够找到自己的问题所在。

唐太宗李世民就将大臣魏徵比喻为自己的一面镜子。正是因为这位大臣敢于当面进谏，所以李世民改正了自己很多的缺点，从而迎来了这个国家的空前繁荣。其实李世民之所以能够取得如此的成绩，一方面得益于魏徵的敢于直言，另一方面因为李世民本人是一个特别善于反省的人。我们来想想，如果李世民是一个完全听不进别人意见的昏君，那么魏徵岂不是早就人头落地了，更不要说什么“大唐盛世”了。李世民每次在听完魏徵的谏言之后，都会不断反省自己，认真检讨自己，所以让这些听起来不是很顺耳的指责变成了治国安邦的好见解。

自省的过程非常痛苦，因为是一个自我解剖的过程。这就好比一个人拿着刀割自己身上的毒瘤，这需要很大的勇气。其实一个人认识到自己的错误并不是非常难的事情，但是要以一颗坦诚的心去看待这个毛病，接受并改变它就很难了。一个人懂得自省是大智慧，而敢于自省则是大勇气。虽然割毒瘤的过程非常痛苦，但是我们剔除了毒瘤。我们需要提高自省的勇气，只有这样我们才可以做到事事反省、时时反省。古人云：“君子之过也，如日月之食焉。过也，人皆见之；更也，人皆仰之。”每个人都有犯错误的时候，只有那些犯了错误之后，积极反省，并且改正错误的人，才会得到别人的尊敬。

一个人如果能够看到自己的过失，那么一定要坦然面对，切不可隐藏起来。自己有了好的品行需要坚持下去；同样，自己有了错误也要重视，一定要做到根除这个错误，做到积极反省。

发现生命本真的快乐

智者达观三世，念念知非；愚人只重目前，憧憧造恶。

——弘一法师

人在幸福的时候会开怀大笑，这是所有人都赞同的观点。但是每一次笑并不能代表幸福，很多人在达到幸福顶端的时候有可能“喜极而泣”。

有人会纳闷这些人为什么要哭？其实他们的哭和心情没有多大的关系，完全是一种本性的流露，一种真性情。

现在的人在社会中熏染了太久，往往那些活得比较简单的人反而能够获得更多的幸福和快乐。

有一天，智者和徒弟一起散步，他们在路上听到了一些野鸭的叫声，于是智者问道：“这是什么声音呢?”

徒弟回答说：“这是野鸭的叫声。”

过了一会儿之后，智者又问道：“现在怎么听不到刚才的声音了?”

徒弟回答说：“它们已经飞走了。”

智者回过头，使出全力拧着徒弟的鼻子，徒弟因为疼痛而大叫起来。

智者对他说：“再说飞过去!”

徒弟听完之后顿时醒悟过来，他回到宿舍之后顿时感觉到了痛苦。

和徒弟一起住的人问道：“你是想自己的父母了吗?”

徒弟回答说：“我没有。”

对方又问他说：“那你是被人家骂了吗?”

徒弟回答说：“也没有。”

对方则说：“那么你到底哭什么呢?”

徒弟说：“我的鼻子被老师拧疼了，现在非常疼，所以我很难受。”

对方又问道：“你和他有什么意见不统一的地方吗?”

徒弟说：“你还不如去问他。”

于是这个人找到了智者，然后问他说：“你徒弟到底有什么问题吗？他现在在宿舍里哭泣，你能告诉我，这是什么原因吗?”

智者说：“他现在已经醒悟了，你去问他吧。”

人回到宿舍之后，对徒弟说：“智者说你已经醒悟了，现在他让我来问你。”

徒弟则哈哈大笑。

这个人说：“刚才你明明在哭泣，现在为什么又笑了呢?”

徒弟说：“对的，刚才我是在哭，现在是在笑。”

一起住的人还是不能够明白。

其实关于这样的故事在苏东坡身上同样发生过一次。

苏东坡非常喜欢和一些高僧一起出游。有一次，苏东坡约好和几位高僧一起出行，他们是徒步去的，但是他们不知道路途是那么遥远、那么艰难。他们从早上出发一直走到黄昏，他们个个变得饥肠辘辘、气喘吁吁，终于他们找到了一个小酒店，然后他们坐到一个饭桌旁，一边喝着茶，一边招呼着小二过来给他们上饭。

店里的小二听到他们招呼，就笑着过来了，递给他们一个菜谱，然后在后面等待着他们点菜。苏东坡非常不耐烦，对小二说：“还点什么啊，我们几个都快要饿死了，你们这边有什么让人能吃饱又可口的饭菜赶紧端几大碗来。”小二非常不解，但还是拿着菜谱到厨房里去吩咐了。

原来小二看到他们几个人穿着端正认为他们对吃很有讲究。事实上也是这样，他们几个人都是吃饭讲究的人，平日里一起去饭馆吃饭，总是嫌弃饭菜的味道不好，或者会嫌弃饭菜的色泽不好，有时候还会嫌弃饭菜的搭配不好。他们个个嘴巴都很刁，都是美食家。

其中一个高僧笑着问苏东坡说：“今天有点奇怪，你怎么不点自己喜欢的几道菜了呢？”

苏东坡皱着眉头说：“我现在都饿到这种程度了，填饱肚子才是最重要的，谁还顾得上那些乱七八糟的菜呢？”

其实生命中最重要的是一些真实的东西。就比如非常饥饿的时候的一碗饭、寒冷时候的一件棉衣、在黑夜里的一盏照明灯、休息时的一张床、行走时的一双耐穿的鞋子……这些是最重要的东西，至于饭的味道、棉衣上面的花色、灯光的颜色、床的高度、鞋子的牌子之类的，人们已经不在乎了，这些只是一些点缀，并非是生命中不可或缺的东西，没有也就没有了，在真正需要的时候人们根本不会重视这些东西。

本真是一种非常强大的力量，它能够让人们在路途中感觉不到疲惫；本真也是非常轻盈的东西，它可以让我们的生命变得更加美好。其实去掉一些不必要的欲望，去掉生命中装饰的那些东西，让每个人都能够还原本真，用我们简单和纯洁的心灵生活。只有我们的生命回归到本真的时候，我们才能够完全快乐地生活。

公正待人，不偏不倚

以宽厚的心胸来对待同仁、朋友，就像沐浴春天的阳光一样。

——弘一法师

春秋战国时期，晋国的晋平公是一个人人称赞的王。

当时，晋国南阳的一个县官空缺，晋平公准备派遣一位有学问的人前去填补这个官职，但是他心中没有合适的人选，于是他召来大臣祁黄羊来询问意见。

晋平公对祁黄羊说："依你之见，你认为谁可以胜任这个县官之职?"

祁黄羊思考了一会儿说："主上，我认为解狐是比较合适的人选，这个县官他做应该是再合适不过了。"

晋平公听后非常吃惊，他对祁黄羊说："我听说解狐可是你的仇人，你居然还推荐了他，这实在是让我想不明白。"

祁黄羊则非常淡定地说："主上，你是在问我谁更适合做这个地方的县官，而不是问我谁是我的仇人啊。"

晋平公明白祁黄羊是一个公平的人，他在举荐别人的时候毫无私心，于是就听从了他的建议让解狐去做这个地方的县官了。

解狐的确是一个人才，在任职的这段时间里，做出了很多成绩，南阳的百姓都夸赞他是一个好官。

又过了一段时间，晋平公看到朝廷中的一个法官之职空缺，他想起了上次解狐的事情，于是又一次召来祁黄羊，然后对他说："现在有一个法官的职位空缺，依你的意思你认为谁可以担任这个职位呢？”

祁黄羊思考了一会儿对晋平公说：“主上，我认为祁午能够担当这个法官的职位。”

晋平公听完之后哈哈大笑，对祁黄羊说：“别人在推荐的时候都会避开自己的亲戚和家眷，难道你不知道祁午是你的儿子吗？你怎么还敢举荐他？”

祁黄羊点点头，然后非常从容地说：“主上，祁午是我的儿子不假，但是您是在问谁更适合法官一职，而并没有问我谁是我的儿子啊。”

晋平公听完之后更加认可了祁黄羊这个人，知道他是一个公正贤明、不偏不倚的人。

后来，晋平公听从了祁黄羊的建议让祁午做了官里的法官，而就像祁黄羊所说，祁午的确是一个称职的法官，他公正执法成为了一个人人爱戴的好法官。

其实一个正直的人在做事情上并不是将自己的私欲放在第一位，而是将公平放在第一位，就像祁黄羊一样，他在推举人才的时候可以不在乎别人和自己的仇恨，同时也可以不在乎别人和自己的亲属关系，因为他更看重谁更合适去做这个官职，而不是一己私欲。

正直者的内心没有任何的私心和杂念，他们更加诚实本分，性格里还有憨厚耿直的特性。这种人做事比较稳重，在看待他人上也特别公平，他们不会站在自己的角度评判别人，凡是他们给予的评价都是可以借鉴的，是真诚的。这种人在做事情上令人放心，同时也值得别人倚重。

这样的品格非常难能可贵，如果一个人能够拥有这样的品质，那么他们就可以在自己的事业中有一番作为。

从前有个地方，爷爷和孙子两个人一起生活着。孙子聪明伶俐，非常好学，在别人的夸奖中，孙子逐渐长大成人了。

事实上这个年轻人的确是一个非常聪明的人，他脑筋转得很快，而且对知识的领悟也非常快，他经常会和自己的同伴们交流心得。但是年轻人有一个毛病，他更喜欢和聪明的人交流心得，因为他感觉这样会很愉快，不用自己说很多话，就能够让对方明白自己的意思；他不怎么愿意和资质较为愚钝的同伴们交流心得，每当他遇到较为愚钝、知识浅薄、说话逻辑不清的同伴时就不会掩饰自己内心的急躁，几乎每一次都会气急败坏地和对方争吵起来。

有一天，一个同伴前来请教这个年轻人一些问题，他给这个同伴讲了好几次，这个同伴都无法理解。于是他非常生气地说："难道你是猪脑子吗？你怎么就是听不懂呢？"爷爷听到了他们两人的争吵，于是走过来批评了年轻人。但是再一次遇到这种情况的时候，他还是控制不了自己的情绪。

爷爷对他说："我感觉非常奇怪，平常你和伙伴们在一起学习的时候，如果你讲上几次他们听不明白的话，你就会大发脾气？"

年轻人说道："他们是我的伙伴，听不懂我就感觉非常奇怪，这不应该啊。"

于是爷爷反问他说："什么叫作不应该呢？为何他们听不懂就不应该呢？这个世界上有这么多人，每个人都有所不同，人的资质也有不同，人的聪明程度也有不同。不能用一种标准去要求所有的人，当然，一个人聪明并不是什么成就，一个人笨一些也不是他的过错。就算是两个人的智商完全相同，但是由于后天接受的教育不同，对学问的领会能力和程度自然也有所不同。一个人的想法和认识差异非常大，你又凭什么认为谁应该懂，谁不应该懂呢？"

年轻人听完爷爷的话之后，非常惭愧地低下了头。

爷爷又对他说："虽然今天某个伙伴的聪明不如你，可能会被你瞧不起、被你说笑……但是难保明天他的学问不比你大，到那个时候你又该怎么办呢？

难道他也要鄙视你吗？难道你能够忍受他的鄙视吗？”

年轻人彻底低下了自己的头，知道自己错了。

爷爷又对他说：“其实你最大的问题还不在这个地方，你最大的问题是没有用宽容的眼光去看待事物，没有用宽容的心去思考问题。”

年轻人听完之后懂得了很多 。

人世间所讲究的宽容之心包含很多内容，人们不仅仅要对自己爱的东西加以爱，还要能够宽恕和包容自己的冤家。宽容你不喜欢的人更是一种大学问和大智慧。

如果一个人能够宽容自己身边的一切，那么他就是一个拥有正直之心的人，也正是因为他的正直和宽容，才会使得他不偏不倚，任何事情都能够公平地对待。

弘一法师就是这样一个宽容之人，就算周围的人嘲笑了他、侮辱了他，他也会一笑而过，因为他的胸襟犹如浩瀚的夜空，任何事情都可以包容。如果有些人因为误会或者其他的原因而无法理解弘一法师，他都会原谅和包容对方。弘一法师会用自己端正的言行来改变对方和感化对方，但是他不会强求于对方，他并不强求世界上的所有人都能够理解他和他的行为，他只求自己能够依靠一颗良心和善心去做事情，问心无愧就可以了。其实宽容他人，不仅能够给他人一次改过自新的机会，而且能给自己带来一份安宁和祥和。

如果在我们的生活中人们都能够明白宽容的价值和意义，那么人和人之间的关系会变得更加和谐。这样我们的生活就会充满着快乐和幸福，我们也能够从中获得一种祥和和安宁。

其实，真正的宽容并不是去改变对方，任何人都是很难改变的，宽容更主要的是包容和接纳对方，然后等待他的改正和进步。每个人都拥有属于自己的个性，我们没有必要按照统一的要求来衡量所有人，没有必要将所有人装进同样的一个瓶子中。

我们要有意识培养自己宽容和正直的品格，同时这也是人们不断超越自己的过程，我们可以通过这种修行让自己解除执着，放下自私。这样我们就会变得越来越宽容和正直，我们的心量就会变得越来越大，心也就会变得越来越清静。让我们放下自己的私欲，将愤怒和怨恨全部剔除，让我们的生活更加美好。

好心态是改变命运的人生利器

切勿得失横在胸中。

——弘一法师

我们在生活中总是能够看到两个人互不相让的争吵场面。我们在生活中还会经常碰到很多人总是喜欢抱怨，不管是工作方面的事情、福利方面的事情，还是婆媳和邻里之间的关系……这些都会成为他们抱怨的对象。其实这些争吵和抱怨完全可以规避。这些人之所以无法放下争吵和抱怨，是因为他们的心态和心境不够平静。

很多人都明白“境由心生”的道理，一个人的心境决定着一个人的处境，同时也决定着这个人的命运。我们要把握好自己的心态，以一种平静的心态去看待周围的事物，以一种冷静的心态去分析周围的事物，这才是最高明的选择。所以每天早上起床的时候不妨给自己一个微笑，让自己拥有好心情，这样开始的一天，将会有好的运气相伴。

曾经有这样一个寓言故事，讲的是一只蜘蛛在大雨之后艰难地向墙上已经支离破碎的蜘蛛网爬去，当它爬到一定高度的时候，因为墙面太滑而掉下来，于是它这样一次又一次地掉了下来……这个时候第一个人看到了这只蜘蛛，心里想：“我的生活不就和这只蜘蛛一样吗？每天都在忙忙碌碌却没有任何的收获。”于是他变得消沉。而第二个人看到了之后，心里想：“连蜘蛛都有这样好的心态和进取精神，我也应该更加努力。”自此之后他更加努力，终于取得了成功。

通过这个寓言故事我们可以看到，世界上的任何事情都可以以两种心态去看待：一种是阳光的，而另一种则是幽暗的。而我们的心态取决于自己，好的心态能够让自己快乐向上，感觉生活充满着希望和正能量；而糟糕的心态只能让我们感觉到失落和难过，会让我们失去快乐和幸福。一个人的心态最终决定着他是喜还是悲，而这一喜和一悲只在一念之间。心态能够决定人们的命运，关键要看我们如何对待。既然心态如此重要，那么我们该如何拥有一个良好的心态呢？

要想拥有一个好的心态，关键是要学会调节自己。生活中充满着变数，不可能一成不变，不管是生老病死还是天灾人祸都时有发生。不管是朋友的误会还是亲人的伤害，就算是陌生人的一句伤人的话，这些都会使我们的心情变得糟糕，此时我们就需要学会如何调节自己的心态。

最简单的办法就是用积极的心理暗示替代消极的心理暗示。如果有人说“你太差劲，你还不行”的时候，你就要想到“在这个方面我还有希望，只要我肯努力”，一旦拥有这样的心态，那么任何不如意都可以战胜，自然就成为一个心态好的人。只要在平时养成这种积极暗示的习惯，那么自己的心态自然会越来越好。

曾经有一位哲学家说过：“你的心态能够成为你的主人。”还有一位伟人说过：“如果不是你驾驭生命，那么就是生命驾驭你。只有你的心态能够决定到底谁是坐骑，而谁是骑师。”

在山西一个偏远的小村庄里住着这样的两兄弟。他们因为受不了家乡的贫困，所以准备到海外去谋发展。哥哥的运气更好一些，因为他到了一个比较富饶的国家，而弟弟则到了一个相对较为贫穷的国家。

等到三十年之后，兄弟两个又一次相聚了，他们此时已经和以前完全不一样了。哥哥拥有了好几家洗衣店，还拥有一家有十个店面的连锁超市，而且子孙满堂，过得非常快活。而弟弟更加了不起，他成为了享誉世界的银行家，在他旗下拥有很多银行和资源。经过这些年的努力，兄弟两个都成功了，但是是什么导致了他们事业上拥有这么大的差距呢?

哥哥说：“我来到那个富饶的国家之后，感觉自己没有任何的才干和能力，所以只能干一些别人不愿意干的脏活和累活，我做了这些事情，自然会让我衣食无忧，如果更加努力一些，多多少少会有一些积累。但是关于事业我实在不敢奢望。”

但是弟弟和哥哥的看法却不同，他说：“我之所以能有今天，和幸运没有半点关系，这些都是我努力得来的。刚刚来这个国家的时候，我发现我只能干最初级的工作，但是我慢慢发现当地人都比较懒惰，于是我努力赚钱然后买下了他们不愿意干的产业，后来我就开始不断扩张和收购，生意就做大了。”

其实，能够影响我们一生的除了环境因素之外，更主要的是我们的心态，一个人的心态能够决定一个人的视野和命运。

在我们的生活中，时刻充满着快乐和烦恼。不同的是有些人的快乐多于烦恼，而有些人的烦恼多于快乐。那些快乐的人总是懂得如何排解烦恼，然后让自己拥有一个好心情，尽可能保持一份快乐的心态。烦恼的人总是认为境遇太差，上天对他不公平，最终只能活在烦恼之中。

在我们的生活中不管有多少困苦和磨难，只要我们能够保持一个积极健康的心态，让我们的心灵充满着生命力，那么我们就可以改变这些不如意，慢慢地朝我们的目标和理想迈进，自然我们的命运也将会因此而改变。

放开胸襟，拒绝诱惑

荣枯不须臾，盛衰有常数；人生之浮华若朝露兮，泉壤兴衰；朱华易消歇，青春不再来。

——弘一法师

人们在面对诱惑的时候很难把握自己，因为诱惑本身就存在一定的吸引力，遇到这种情况，如果没有足够的定力和心智的话，很容易陷入其中。我们要想抵抗诱惑，就需要将自己的心境放远一些，将自己的目标定得更明确一些。

一个人想要追求物质的享受，就会产生爱和执着，而有了爱和执着，自己的内心就会被这些外界环境所影响。

曾经有一位皇帝想要在他的宫殿内修建一座寺庙，于是他在全国各地寻找能工巧匠，希望他们能够建造出世界上最漂亮的寺庙。

最后皇帝找来了两组人，其中一组主要由京城里一些非常有名的设计师和工匠组成，而另外一组则是附近一些寺庙里的和尚。这个时候皇帝不知道该怎么取舍了，因为他们两组，一组是建筑方面的行家，而另外一组则是最为熟悉寺庙的行家，到底该由哪一组来建造这座寺庙呢？后来皇帝想了一个办法，让他们公平竞争，以此来决定。

皇帝要求这两组人在三天之内各自整修一座小寺庙，到时候由他来验收，看哪一组的更好就让哪一组建造最后的大寺庙。

京城里来的能工巧匠和工程师们向皇帝要了很多颜色的颜料，同时也要了很多的整修工具；而寺庙的和尚则只要了一些抹布和水桶等用来清洁的工具。

过了三天时间，皇帝来验收他们的小寺庙。皇帝发现京城来的工匠们所打造的寺庙非常漂亮，他们以非常精美的图案以及巧夺天工的手艺将小寺庙装修得焕然一新，这让皇帝非常满意。

接着，皇帝去和尚们装修的小寺庙。和尚们装修过的小寺庙更是让皇帝目瞪口呆，原来和尚们只是努力擦拭和打扫，还原了寺庙原来的样子。就算是那些能工巧匠们所装修的寺庙都似乎成了这个寺庙的一部分，完全比不过这里。

皇帝在这个寺庙中待了很长时间，显然谁胜谁负已经很清楚了。

其实外在的浮华就是一种诱惑，过分追求只能让自己迷恋其中。如果我们能够沉淀下来，就会发现那些浮华的诱惑只不过是一些小角色而已，最有魅力的是内在最真实的心。那些工匠们追求的是一种外表，他们想要以最精湛的手艺来打动皇帝；但是和尚们并没有拘泥在一些浅显的事情上，没有去取悦皇帝，他们将心放得更远，同时也更纯洁，他们看重的是寺庙的本来面目。

这就像是人们在追求目标时，如果对现在的情况越是刻意雕琢，那么离目标就越远。如果我们能够有一颗非常淡定的心，能够调整好自己的心态，能够做到以远大胸襟去面对未来，那么我们就会有美好的收获。

一定要有自己的原则

见事贵乎理明，处事贵乎心公。

——弘一法师

很多人看到别人对自己非常恭敬，就会非常开心，而一旦别人怠慢了自己，就会很生气，这些人其实都是容易被别人的态度所左右的人。这其实是弱点，如果无法认清自己身上的这个弱点，那么人的一生都会受到煎熬。当然，一个人不仅不能受别人的态度所左右，还要防止自己在做事情的时候影响别人的态度。

不要在意别人的态度，其实人在这个世界上最重要的就是自己，不要总是被别人所左右。弘一法师就一直提倡人们，在生活和工作中都要做一个真正的自己。

接下来我们来看隋朝时赵绰的故事，他就是一个能够坚持自己原则的好官。

隋文帝杨坚是一个专权独断的皇帝，经常不按照法律的规定，而是按照自己的想法处置那些犯了错误的大臣。但是当时身为大理少卿的赵绰就能够坚持自己的立场和原则，严格依法办事，甚至从来不惧怕杨坚的权威。也正是因为这个原因，他的故事一直在百姓中流传。

曾经有一次，赵绰手下一个叫来旷的人诬陷赵绰，并且告到了隋文帝那里，他说赵绰对一些犯过罪的大臣量刑太轻，而且经常免除一些大臣的刑罚。

于是隋文帝派出自己的心腹之人在暗中调查赵绰，最后发现赵绰并没有来旷所说的这些情况，于是隋文帝非常生气，下令将来旷拉出去斩首示众。

赵绰知道这件事情之后，就跑去给隋文帝进谏，因为按照法律来旷并没有犯下杀头的罪过，他劝谏隋文帝不要这样做。但是隋文帝不愿意看到赵绰触犯自己的权威，因此非常生气地独自回宫了，没有理睬来进谏的赵绰。此时赵绰坚持要见隋文帝，他对侍卫说："你告诉皇上，我不是因为来旷的事情来进谏的，我还有其他的事情奏明。"隋文帝没有办法只好让赵绰进了宫。

一看到隋文帝，赵绰马上就说："微臣犯下了三个大罪，所以现在前来是向皇上请罪的。"隋文帝点头让他说下去。于是赵绰说："我身为大理少卿，领导无方，让来旷犯下了错误，这是我的第一条罪过；来旷虽然犯下了错误，但是并不是死罪，但是我作为专门掌管刑律的大理少卿，却不敢以死来进谏皇帝不要杀死来旷，这个是我的第二条罪状；另外我本来其实没有什么罪过，而谎称我有事启奏，这又是我的另一条罪状。"隋文帝虽然很生气，但是听完赵绰的话之后，也冷静了下来，于是免除了来旷的死刑，只是发配了事。

还有一次，有两个人在市场上用破钱换好钱，这种行为在当时是犯法的。隋文帝知道之后，一定要让赵绰将这两个人处死。赵绰对皇帝说："他们所犯的罪过只不过应该杖刑而已，还不至于处死。"隋文帝非常不耐烦，对他说："这个事情和你没有关系，我让你杀，你去杀就是了。"赵绰依然非常执着地说："陛下您给了我大理少卿的官职，专门来管理刑律，现在又说这件事情和我没有关系。"隋文帝对他说："你这是不自量力，你难道没有看到你根本无法撼动我这棵大树吗？现在你最好知趣地退下。"赵绰则正色说："微臣是想要依法办事，而不是在这里给您捣乱的，怎么能让臣退下呢？"隋文帝说："你现在这样做，难道是想要触犯皇帝的威严吗？"赵绰没有说话，只好跪下，但是他并没有后退。隋文帝呵斥他，但是他就是不后退，隋文帝实在没有办法了，只好答应了赵绰的请求，最终没有杀死那两个人，只是杖刑了事。

我们每个人在做事情的时候，都应该坚持自己的立场和原则，这样才能够无愧于自己的良心。如果随意被别人的意见所左右，那么我们就好像是风中的芦苇一样，随风而倒，那么我们就会遭受到别人的唾弃，自己也无法逃脱良心的谴责。

心境坦荡，无欲无求

行少欲者，心则坦然，无所尤畏，触事有余，常无不足。

——弘一法师

每个人都希望自己的生活能够过得快乐和幸福，人们的内心不同，所以对待事情的观点和态度也有所不同，不同人有不同的幸福和快乐，万不可将自己认为的幸福和快乐当作别人的幸福和快乐。心境坦荡之人无欲无求，心无杂念，所以内心是快乐的。

曾经有一个智者在正准备渡河的时候遇到了大雨。大雨使河水变得非常湍急，而河滩也变得非常泥泞，一时使人寸步难行。

但是智者还是决定渡河。这个时候他看到了一个穿着得体的女子，这位女子好像有什么急事也想要过河，但是看着水流这么湍急一时不知该怎么办了。

于是智者走上前去对女子说："让我背你过去吧。"智者随行的徒弟听到师父的话后感觉非常诧异，因为师父一再教导他们，在外不要亲近女色，要不然会耽误事情，但是今天师父自己却这样做。

那位女子答应了智者的请求，徒弟只能跟在他们后面一起过河。

过了几天，徒弟还是不能明白师父当时的做法，于是找到智者，对他说："您一直教导我们在外边做事情的时候不要亲近女色，现在为什么您自己却这样做了？"

这位智者则说："我当时已经将那位女子放下了，你却一直没有放下她。"

一个人心地坦荡是一种境界，只有心地坦荡的人才不会饱受折磨。一个人如果能够做到泰然自若，那么就可以没有欲念，内心中如果没有了欲念，自然就不会有所顾虑。我们心地坦荡的时候才能够合理地处理事情。其实很多我们苦苦追求而得不到的东西，也许会在我们无欲无求中自己到来。